W0471191

Selbstvertrauen gewinnen

Elke Nürnberger

2. Auflage

Haufe.

Inhalt

Vorwort

Im Selbstvertrauen liegt die Zuversicht, ein selbstbestimmtes Leben führen und berufliche wie private Ziele zu erreichen zu können. Viele Menschen wünschen sich mehr Selbstvertrauen, wissen aber nicht, wo sie ansetzen sollen. Oft bewundern sie andere wegen ihres sicheren und durchsetzungsstarken Auftretens.

Der Schlüssel zum Selbstvertrauen liegt in der eigenen Person. Das ist Nachteil und Vorteil zugleich. Der Nachteil ist: Sie müssen an der eigenen Sichtweise arbeiten, Neues wagen und Veränderungen zulassen. Der Vorteil ist: Sie haben es selbst in der Hand, sich zu verändern.

In diesem TaschenGuide erfahren Sie, was Sie konkret tun können, um mehr Selbstvertrauen zu gewinnen, sich anzunehmen und wertzuschätzen. Probieren Sie es aus, wie es ist, Ihre Ziele selbstbewusst erreichen.

Viel Erfolg und Vertrauen in die eigene Person

wünscht Ihnen

Elke Nürnberger

Selbstvertrauen – was es ist und wie es entsteht

Wovon sprechen wir eigentlich, wenn wir sagen: Wir haben zu wenig Selbstvertrauen? Oft haben wir nur eine vage Vorstellung davon, was das bedeutet.

In diesem Kapitel lesen Sie,

- warum die Kenntnis der eigenen Gefühle, Gedanken und Fähigkeiten die erste Grundlage für mehr Selbstvertrauen ist,
- was selbstbewusste Menschen anders machen als selbstunsichere,
- warum Selbstvertrauen die Voraussetzung dafür ist, das Leben zu bewältigen, aber auch Hilfe von anderen anzunehmen und tragfähige soziale Bindungen zu schaffen,
- wie Erziehung, Werte, Normen und Rollenerwartungen unser Selbstvertrauen beeinflussen.

Sicherheit und Zuversicht

Manche Menschen faszinieren uns allein durch ihre Präsenz, ihr Auftreten. Sie wirken locker, unaufgeregt und souverän. Das hat nicht nur mit Aussehen, Kleidungsstil oder Alter zu tun, ihr Selbstvertrauen verleiht ihnen diese Ausstrahlung.

Beispiel: So wäre ich auch gern

Sie kennen das vielleicht: Sie sind auf einer Party von Freunden und kommen mit jemanden ins Gespräch, den Sie bislang nicht kannten. Die Unterhaltung ist interessant und locker und Sie haben das Gefühl, als würden Sie sich schon lange kennen. Ein Freund von Ihnen tritt dazu und wird von Ihrem neuen Bekannten sofort mit einbezogen. Sie bewundern seine Art, offen, sympathisch und unkompliziert auf Fremde zuzugehen und Sie denken: „Wow, so wäre ich auch gern! Wie bekommt man eine solche Souveränität?"

Daneben kennen Sie vielleicht Situationen, in denen Sie sich unwohl fühlten, weil Sie dachten, den Ansprüchen anderer nicht zu genügen. Man empfindet sich als hässlich, uninteressant oder dumm und fühlt sich zunehmend unwohler. Oder denken Sie an Situationen, in denen Sie sich geärgert haben, weil Sie nicht genügend Mut aufbrachten, um Ihre Meinung offen zu sagen oder für Ihr Recht einzutreten. Manches Unrecht dämmert einem erst im Nachhinein und es fällt einem ein (natürlich auch zu spät), was man anders hätte machen sollen. Man erkennt, wie richtig man mit der eigenen Einschätzung gelegen hatte und was man hätte durchsetzen sollen. Es fehlte jedoch Mut, sich direkt in der jeweiligen Situation zu Wort zu melden. In dem Moment war nicht genügend Selbstvertrauen da, auf die eigene Meinung zu vertrauen – und zweifelnd hielt man lieber seinen Mund.

Beispiel: Hätte ich doch den Mund aufgemacht

Sie sitzen in einem Meeting. Seit einer Stunde wird ergebnislos ein Problem diskutiert. Ihnen fällt eine gute und praktikable Lösung ein. Sie fragen sich, ob Sie sie aussprechen sollen. Doch Sie wagen es nicht, schließlich wollen Sie nicht im Vordergrund stehen, außerdem befürchteten Sie, die Kollegen könnten über Ihren Vorschlag spotten. Sie denken: Wenn Ihre Idee wirklich so gut wäre, wie Sie glauben, wäre bestimmt schon ein anderer draufgekommen. Sie äußern Ihren Vorschlag deshalb nur leise gegenüber ihrem Sitznachbarn. Wenige Tage später wird genau Ihre Lösung umgesetzt, die der Kollege jedoch als seine ausgab. Er erntet Anerkennung und Lob, Sie ärgern sich über Ihre Zurückhaltung und sind frustriert.

Haben Sie schon einmal erlebt, dass eine andere Person die Lorbeeren Ihrer Arbeit erntete und Sie sich nicht dagegen gewehrt haben? Wenn Sie solche Situationen kennen, wissen Sie auch um die Enttäuschung, Entrüstung oder Wut, die damit verbunden ist. Man spürt, dass man standhafter hätte bleiben sollen, oder man ärgert sich, dass man gekniffen hat – und sich (wieder einmal) über den Tisch hat ziehen lassen.

Auch wenn es paradox erscheint: In genau dieser Unzufriedenheit liegt Ihre Chance: die Chance, an Ihrem Selbstvertrauen zu arbeiten und es aufzubauen, sich bewusst Gedanken darüber zu machen, wie Sie künftig diese unbefriedigenden Verhaltensweisen vermeiden können. Ärger hält viel Energie bereit, die dem Willen zur Veränderung Antrieb gibt. Den ersten Schritt tun Sie jetzt gerade, indem Sie sich mit dem Thema Selbstvertrauen beschäftigen.

Was aber ist Selbstvertrauen, was macht es aus, was kennzeichnet es? Zur Klärung dieser Fragen hilft es, sich mit dem Begriff „Selbstvertrauen" auseinanderzusetzen. In Goethes Faust heißt es: „Sobald du dir vertraust, sobald weißt du zu leben" – eine sehr knappe, aber treffende Definition von Selbstvertrauen. Sehen wir noch genauer hin: Der Begriff setzt sich zusammen aus den Elementen „Selbst" und „Vertrauen".

Das Selbst

„Selbst" ist ein Wort, das ähnlich wie „Selbstvertrauen" uneinheitlich definiert wird. In der Psychologie werden unter „Selbst" die Vorstellungen, Wahrnehmungen und Werte, die eine Person als zu sich gehörend empfindet, verstanden. Es ist das Bewusstsein darüber, was man als Person ist, was man grundsätzlich kann und tun könnte, kurz: wie man sich selbst und seine Möglichkeiten definiert. Zum Selbst gehört das Bewusstsein über:

- meinen Körper und mein Aussehen,
- meine Werte und Überzeugungen,
- Erinnerungen und Erfahrungen,
- Gefühle,
- Talente,
- Wissen und erworbene Kenntnisse,
- Fähigkeiten und Kompetenzen,
- Überzeugungen davon, was andere über mich denken, und auch

- meine Idealvorstellung von mir, also die Vorstellung, was und wie ich gerne sein möchte.

Eng mit dem Begriff des Selbst verknüpft ist das sogenannte Selbstbild: Das Bild, das ich mir von mir selbst mache, setzt sich aus der Einschätzung der vorab genannten Bereiche zusammen.

Beispiele: Das Bild von mir

Halte ich mich für schön oder hässlich? Für musikalisch oder unmusikalisch? Für mutig oder ängstlich? Kann ich mich in andere einfühlen? Kann ich Kontakt zu anderen herstellen? Weiß ich, ob ich analytisch denken, strukturieren oder organisieren kann? Weiß ich, ob ich bestimmte Fähigkeiten erworben habe: Kann ich z.B. tauchen, klettern, in fremden Sprachen sprechen, bestimmte Software-Programme bedienen? Habe ich bereits die Erfahrung gemacht, von anderen angenommen zu werden und mich in Gruppen integrieren zu können etc.?

Das, was das Selbstbild letztlich ausmacht, ist also die *Vorstellung*, die ich von meinem Selbst habe. Es hat deshalb viel mit Selbstbetrachtung und Selbsterkenntnis zu tun. Geläufige psychologische Prozesse wie Wahrnehmen, Erinnern, Beurteilen und Bewerten gehören dazu. Wer sich und sein Verhalten betrachtet und Erkenntnisse daraus zieht, wird sich seines Selbst bewusst. Somit hängt die Selbstbetrachtung stark mit der Bewusstwerdung zusammen – also dem Selbst-Bewusstsein im engen Wortsinn. Umgangssprachlich benutzen wir das Adjektiv „selbstbewusst" meist synonym zu „Selbstvertrauen haben" oder „selbstsicher sein". Damit ist gemeint, sich nicht nur seines Selbst bewusst zu sein, sondern sich seiner Fähigkeiten sicher zu sein und der eigenen Einschätzung zu vertrauen. „Selbstbewusstsein" wird deshalb im Folgenden als Synonym für „Selbstvertrauen" und „Selbstsicherheit" verwendet.

> Zum Selbst einer Person gehören ihre Erfahrungen, Eigenschaften, Talente, Überzeugungen und Fähigkeiten, aber auch ihre Entwicklungsmöglichkeiten, also Wünsche und Ziele, die sie für die Zukunft hat. Das Selbstbild einer Person entsteht daraus, welche Eigenschaften und Fähigkeiten die Person an sich wahrnimmt, wie sie diese beschreibt und bewertet.

Das Vertrauen

Im Begriff „Selbstvertrauen" steckt auch das Wort „Vertrauen". Man kann Vertrauen in andere Menschen, in Systeme, Unternehmen oder Maschinen haben. Vertrauen entsteht, wenn wir jemanden oder etwas als glaubwürdig, verlässlich, authentisch und berechenbar, im Sinne der Kalkulierbarkeit, einschätzen. Wir erwarten, dass Ereignisse oder Beziehungen einen vorhersehbaren und positiven Verlauf nehmen. Wer vertraut, geht davon aus, dass er durch Handeln anderer nicht benachteiligt wird. Vertrauen ist also die Grundlage unseres Handelns und die Basis jeglicher Kooperation zwischen Menschen. Glaubt man an ein vertrauensvolles Miteinander, erwartet man Sicherheit und Stabilität.

Sich selbst vertrauen

Daneben gibt es das Vertrauen in sich selbst: Jemand ist überzeugt davon, Begabungen, Kompetenzen und Wissen – also körperliche, psychische, geistige und emotionale Merkmale – zu besitzen, die ihn befähigen, die Herausforderungen des Lebens zu bewältigen. Menschen mit Selbstvertrauen besitzen auch „Selbst-Bewusstsein", indem sie in und auf sich blicken und sich bewusst wahrnehmen. Dies ist die Basis, um den eigenen Beurteilungen, Gefühlen und Fähigkeiten vertrauen zu können.

Der gotische Wortstamm „trauan", von dem „trauen" abgeleitet wird, bedeutet: „treu", „stark", „fest" und „dick". Die Wörter weisen darauf hin, was es bedeutet, Selbstvertrauen zu besitzen: darauf zu vertrauen, das Leben meistern zu können, egal was kommt. Die daraus resultierende Stärke im Auftreten und Handeln führen zu positiven Erfahrungen und Erfolgserlebnissen und diese stärken wiederum das Vertrauen in die eigene Person.

Selbstwertgefühl

Eng mit dem Selbstvertrauen verbunden ist der Begriff des „Selbstwertgefühls", also der positiven oder negativen Einschätzung des Wertes, den man sich, seinen Fähigkeiten und dem eigenen Leben beimisst. Als wie „wertvoll" wir uns letztlich empfinden, hängt zum einen davon ab, ob wir selbst daran glauben, dass unsere Leistungen wertvoll sind und zum zweiten, ob wir davon überzeugt sind, dass sie von anderen ebenso eingeschätzt werden. Selbstvertrauen und Selbstwertgefühl wirken komplex zusammen. Das folgende Beispiel erläutert dies.

Beispiel: Selbstwertgefühl

Jemand hat ein gutes Ergebnis erreicht und bekommt Anerkennung dafür. Aus seiner Reaktion auf das Lob kann man ableiten, wie es um sein Selbstvertrauen steht und inwiefern das Selbstwertgefühl davon beeinflusst wird:

1 Wer den Erfolg, zu dem er wesentlich beigetragen hat, lediglich mit Zufall, Mitwirkung anderer Personen oder einem glücklichen Umstand erklärt, erkennt seine Leistungen, den Wert seiner Arbeit und Person nicht an. Es fehlt das Selbstvertrauen, die Anerkennung sich und seiner Arbeit zuzuschreiben. Wird das Lob nicht mit der eigenen Leistung in Zusammenhang gebracht, kann es nicht zur Stärkung des Selbstwertgefühls beitragen. Daraus entsteht eine Negativspirale für das Selbstvertrauen.

2 Wer Lob annimmt, es auf sich und seine Leistung bezieht, verfügt über eine realistischere Sicht der Dinge und zeigt Selbstbewusstsein. Er weiß um seinen Wert und seine Leistungsfähigkeit. Die Anerkennung wirkt sich positiv auf das Selbstwertgefühl aus: Die eigene Einschätzung der Arbeit wird bestätigt und man erhält zudem eine positive Rückmeldung. Damit kommt eine Positivspirale in Gang.

Woran erkennt man selbstbewusste Menschen?

Ist jemand sehr präsent und tritt lautstark auf, erzählt von seinen Erfolgen und Triumphen, schließen wir leicht vorschnell auf großes Selbstvertrauen. Bei näherem Kennenlernen merken wir oft, dass es so groß doch nicht ist. Selbstsichere Menschen müssen sich nicht wie Stars und Sternchen benehmen, von allen geliebt und umschwärmt. Auch die

Tatsache, dass jemand gern den Alleinunterhalter spielt oder laut seine Geschichten erzählt, ist kein Indiz für Selbstvertrauen. Viele Blender nutzen diese Form des Auftretens, um ihr mangelndes Selbstvertrauen zu überspielen. Wirklich stabile und sichere Menschen können im Vordergrund stehen, müssen es aber nicht, und sie halten sich manchmal auch zurück.

Wir neigen dazu, denjenigen, die vordergründig still und zurückhaltend wirken, wenig Selbstvertrauen zuzuschreiben. Doch man sollte sich nicht täuschen lassen: Ein stiller Mensch, der in sich ruht, Gelassenheit entwickelt hat und optimistisch in die Zukunft blickt, kann über ein hohes Maß an Selbstvertrauen verfügen und in bestimmten Situationen beeindruckend stark sein. Wie viel Selbstvertrauen jemand nach außen zeigt, ist abhängig vom Persönlichkeitstypus, seinem Temperament, seiner Lebenssituation und seiner momentanen Verfassung. Man sollte deshalb mit schnellen Zuschreibungen vorsichtig sein.

Selbstsichere Körpersprache

Körpersprachlich wird man bei längerer Beobachtung immer wahrnehmen, ob eine Person selbstsicher ist oder nicht. Reden können Menschen viel, doch das Unbewusste, das stark auf die Körpersprache einwirkt und ihr den Ausdruck verleiht, lügt nie. Körpersprache ist nur bedingt willentlich beeinflussbar und gibt daher dem aufmerksamen Beobachter viel preis. Es empfiehlt sich, sich mit der eigenen Körpersprache auseinanderzusetzen, denn bestimmte Körperhaltungen haben nicht nur eine Wirkung nach außen, sie wirken auch auf das

Selbstbewusstsein zurück. Beispiele dafür, welche Signale Hinweise auf die Selbstsicherheit eines Menschen geben, finden Sie in der folgenden Übersicht.

Checkliste: Körpersprachliche Signale

- Zeigt jemand eine offene Körperhaltung?
  (offener Oberkörper, volle Körpergröße, kein „Verstecken" von Extremitäten)
- Sind Angstsignale zu erkennen?
  (hochgezogene Schultern, eingezogenen Kopf, angespannten Hals?
- Sind Hände und Finger ruhig?
- Ist die Mimik entspannt oder Nervosität erkennbar?
  (Zucken der Gesichtsmuskeln, nervöser Lidschlag, Augenkneifen)
- Standfestigkeit: Steht jemand sicher auf seinen Füßen?
- Hält er Augenkontakt mit seinem Gesprächspartner?
- Sind Kopf und Rücken aufrecht?
- Nimmt er Raum ein?
  (beim Sitzen und Stehen, „verdrückt" er sich lieber oder macht er sich „kleiner", als er ist?)
- Macht jemand große, raumgreifende Schritte oder geht er trippelnd und verhalten?
- Ist sein Händedruck fest?

Respektvoller Umgang mit anderen

Selbstsichere Menschen haben keine Ellenbogenmentalität nötig. Sie sind weder aggressiv noch versuchen sie, andere aus purem Eigeninteresse zu übervorteilen. Sie können darauf verzichten, andere zu unterdrücken und die Muskeln spielen zu lassen. Selbstsichere Menschen können es sich leisten, partnerschaftlich, fair und respektvoll mit anderen umzugehen, da sie sich nicht ständig beweisen müssen oder befürchten, zu kurz zu kommen. Sie können sich weitgehend frei entfalten und treffen eigene Entscheidungen. Dazu kann es auch gehören, dass man sich ab und zu einmal hinten anstellt. Kurz gesagt: Selbstvertrauen verleiht Souveränität.

Verhalten in Krisensituationen

Selbst wenn Menschen mit Selbstvertrauen ihr Leben nach ihren eigenen Vorstellungen gestalten und vieles schaffen, läuft nicht immer alles glatt. Selbstvertrauen schützt nicht vor Tiefschlägen. Es trägt aber entscheidend dazu bei, nach Krisen kontinuierlich weiterzumachen und zu einem erfüllten und glücklichen Leben zurückzufinden. Man erkennt Menschen mit Selbstvertrauen an der Art und Weise, wie sie mit einem Rückschlag umgehen. Sie beginnen unermüdlich von vorn, glauben trotz widriger Umstände an sich und geben die Hoffnung auf Besserung nicht auf. Das hilft, sich auf seine Ziele zu konzentrieren und diese unbeirrt zu verfolgen.

Was Sie gewinnen: Das Leben aktiv gestalten können

Ohne Vertrauen in die eigenen Fähigkeiten ist jede Unternehmung von vornherein zum Scheitern verurteilt. Es fehlt schlicht im Vorfeld schon der Mut, etwas anzupacken. Für alles, was man sich vornimmt und tut, braucht es Zutrauen und den festen Glauben an das Ziel. Zugleich muss man während einer Durststrecke oder bei auftretenden Hindernissen auf die eigene Person vertrauen können. Das kennt jeder aus dem Alltag: Auch außerhalb von Hoch- und Höchstleistungen braucht man Selbstvertrauen, will man etwas erreichen oder umsetzen.

Beispiel: Selbstvertrauen als Basis

Wer es wagt, als junger Mensch alleine ein Auslandssemester zu absolvieren, braucht Selbstvertrauen, ebenso wie jemand, der eine Rede vor Publikum hält. Das Kind, das zum ersten Mal den Beckenrand loslässt und ohne Schwimmflügel losschwimmt, benötigt es genauso wie derjenige, der seinen festen Job kündigt, um etwas Neues in seinem Leben auszuprobieren, oder der Schüler, der eine Prüfung schaffen will.

Selbstvertrauen beeinflusst somit ständig unser Tun und Handeln. Ohne Selbstvertrauen wird man wenig wagen und vorhandene Potenziale nicht ausschöpfen. Selbstvertrauen ist die Triebfeder der Motivation.

An den Erfolg glauben

Das Leben fordert uns permanent. Wir müssen mit Neuem, Unkalkulierbarem, Erfolgen und Misserfolgen, Herausforderungen und Hürden klarkommen. Selbstvertrauen beeinflusst ganz maßgeblich unser Bewältigungsverhalten gegenüber bevorstehenden Aufgaben. Manche Menschen sehen Herausforderungen als Gelegenheit, ihre Kompetenz unter Beweis zu stellen. Bei anderen stehen Unsicherheit und Furcht im Vordergrund sowie die Angst, Aufgaben nicht bewältigen zu können. Den Unterschied hierbei macht der Grad des Selbstvertrauens.

Selbstbewusste sind davon überzeugt, dass ihre Fähigkeiten ausreichen, um ein positives Ergebnis zu erlangen, und sie packen eine Sache unbeeindruckt an. Sie glauben, dass ihr Verhalten wirksam ist im Sinne der Aufgabenlösung. Wem es an Selbstvertrauen mangelt, der wird stattdessen über Vermeidungsstrategien nachdenken. David Clarence McClelland, US-amerikanischer Verhaltens- und Sozialpsychologe, unterscheidet diese beiden wesentlichen Lebensmotive:

- den Glauben an den Erfolg und
- die Furcht vor Misserfolg.

> Selbstvertrauen ist eng an den eigenen Glauben an Erfolg gekoppelt.

Allein die positive und aktive Haltung hilft, Anforderungen als machbar zu erleben und Ziele verfolgen zu können. Dadurch nehmen Selbstbewusste ihr Leben als deutlich gestaltbarer wahr. Sie machen die Erfahrung, dass sie ihre Vorstellungen verwirklichen können. Mangelndes Selbstvertrauen hingegen führt zu vermeidendem Verhalten: Ohne Selbstvertrauen entstehen Selbstzweifel, wodurch Mut und Elan sinken. Daher versuchen Menschen, den (angenommenen) Misserfolg und die damit einhergehenden negativen Gefühle, wie z.B. Versagen, Scham und Blamage zu vermeiden. Ihr Motto ist: Vermeidung aus Furcht vor Misserfolg.

Beispiel: Jobabsage

Wer schon einmal eine Absage auf eine Bewerbung bekommen hat, weiß, wie man sich fühlt, wenn die Unterlagen wieder im Briefkasten liegen. Menschen mit Selbstvertrauen besorgen sich, sobald sie den ersten Dämpfer überstanden haben, die nächsten Stellenanzeigen und suchen gezielt weiter. Sie gehen davon aus, dass der Erfolg kommen wird und sie das finden werden, was sie suchen. Ihre stetige Aktivität wird ihnen früher oder später zum gewünschten Resultat verhelfen.

Menschen mit wenig Selbstvertrauen neigen dazu, in dieser Situation aufzugeben. Statt auf ihr ursprüngliches Ziel konzentrieren sie sich darauf, weitere Absagen zu vermeiden. Sie bewerben sich beispielsweise nur noch auf Jobs, die sie relativ sicher bekommen, auch wenn diese unter ihrem Niveau liegen. Sie bescheinigen sich, dass „das auch ganz o.k." für sie wäre. Durch diese Haltung schöpfen sie jedoch ihre Ressourcen bei Weitem nicht aus. Im langfristigen Vergleich mit anderen stellen sie irgendwann fest, dass diese weitergekommen sind als sie.

Allein klarkommen

Selbstvertrauen benötigen wir vor allem in Situationen, in denen wir auf uns alleine gestellt sind. Prüfungen oder Vorstellungsgespräche sind Paradebeispiele. Aber auch eine Verhandlung (z.B. mit dem Bankberater) oder eine Party, die wir alleine besuchen, sind solche Situationen. Hierbei hängt es von unserem Geschick ab, wie das Ergebnis ausfällt. Fehlt Selbstvertrauen, fühlen wir uns gestresst, überfordert oder gehen lieber gar nicht hin, weil wir uns von Vornherein bescheinigen, nichts erreichen zu können. Wer hingegen darauf vertraut, dass seine Fähigkeiten ausreichen, um die Situation zu managen, ist weniger oder gar nicht unsicher.

Hilfe von außen annehmen

Selbstbewusste wissen: Es ist nicht wesentlich, dass man alles selbst kann und weiß. Wesentlich ist, dass man sein – wie auch immer definiertes – Ziel erreicht. Immer wieder wird es Situationen geben, in denen man allein nicht weiterkommt. Wer rechtzeitig erkennt, dass er Beistand benötigt, und ihn sich organisiert, ist nicht schwach, sondern clever. Selbstvertrauen erleichtert es, Hilfe von anderen anzufordern und anzunehmen, wenn nötig. Wer Unterstützung von anderen nicht als Beweis seines Unvermögens wertet oder sich schämt, dass er etwas nicht allein schafft, lässt sich leichter einmal unter die Arme greifen und kommt vorwärts, statt auf der Stelle zu treten.

Bindungen schaffen

Selbstvertrauen wirkt sich auch positiv auf soziale Bindungen aus. Wer Selbstvertrauen besitzt, empfindet grundsätzlich sein Verhalten, sein Aussehen und seine Leistungen als „in Ordnung". Dieses Grundvertrauen hilft, mit anderen in Kontakt zu kommen, sich in Gruppen zu integrieren, sich einzubringen und zu behaupten. Menschen mit Selbstvertrauen verfügen deshalb über gute soziale Kontakte. Bindungen und Freundschaften vermitteln nicht nur Zugehörigkeit, sie unterstützen und stärken auch in schwierigen Lebenslagen. Wer seinerseits Freunde unterstützt, erhält im Gegenzug Dank und

Anerkennung, was das eigene Selbstbewusstsein wiederum stärkt.

Wenn Selbstvertrauen fehlt

Auf psychisches und physisches Wohlbefinden, auf Motivation und Leistung und sowie auf die Fähigkeit, Stress zu bewältigen, hat fehlendes Selbstvertrauen großen Einfluss: Unsichere Menschen haben häufig das Gefühl, nicht zu genügen, etwas nicht zu können, und sie sind froh, wenn sie großen Herausforderungen aus dem Weg gehen können. Häufig weichen sie vor Entscheidungen zurück. Aus Furcht vor Versagen stellen sie ihr Licht weitestgehend unter den Scheffel oder geben eigene Ansprüche auf. Sie sind schnell bereit nachzugeben. Da sie wenig Selbstvertrauen besitzen, mangelt es ihnen meist an Durchsetzungsfähigkeit. Ihre Angst vor Fehlern und dem eigenem Ungenügen lässt sie oft zögerlich, wenig standhaft und passiv erscheinen.

Die Probleme, die daraus entstehen, liegen auf der Hand: Der Betroffene erlebt wenig positive Bestätigung. Durch sein Zaudern wird ihm auch von anderen immer weniger zugetraut. Dies wertet er – aus seiner Sicht folgerichtig – als weiteres Indiz dafür, dass er ausgegrenzt oder wenig anerkannt ist. Enttäuschung entsteht, das Selbstvertrauen sinkt noch mehr. Häufig findet der Betroffene keinen Ansatz, der belastenden Situation zu entkommen. Ohnmachtsgefühle und Stress sind die Folgen. Ein Teufelskreis entsteht: Die Verunsicherung wächst, der klare und realistische Blick geht mehr und mehr verloren und die Situation erscheint zunehmend auswegloser – oft auswegloser, als sie tatsächlich ist.

Permanente Arbeit an sich selbst

Kaum jemand hat ein für alle Mal Selbstvertrauen, in allen Lebensbereichen gleichermaßen.

Situationen und Erfahrungen

Selbstvertrauen ist keine stete Größe, die man durch Glück oder Zufall erhalten hat. Es variiert abhängig von Lebenssituationen und Erfahrungen, es kann erschüttert oder gestärkt werden. Wir fühlen uns heute unerschrocken und stark und morgen kann alles ganz anders sein: Kommen mehrere Misserfolge zusammen oder erlebt ein Mensch Erschütterungen, wie z. B. Krankheit, Kündigung oder den Tod nahestehender Menschen, nimmt auch vorübergehend der Grad des Selbstvertrauens ab. Dies ist eine Schutzfunktion unserer Seele, womit sie uns in schweren Zeiten zu Rückzug, Ruhe und Besinnung verhilft, damit sich Psyche und Körper erholen können.

Den umgekehrten Fall gibt es natürlich auch: Man hat z. B. tagelang vor einem Vortrag gezittert, sich überwunden und ihn gehalten – und prompt erkannt, dass man es souverän geschafft hat. Diese Erfahrung verleiht dem Selbstvertrauen Flügel, denn es speist sich genau aus diesen positiven Erfolgserlebnissen. Meistern wir eine Situation immer wieder gut, wächst der Mut und es wird immer mehr Vertrauen in das eigene Können ausgebildet.

Unterschiedliche Lebensbereiche

Bei allen Verrichtungen, die wir gerne tun, die uns locker von der Hand gehen, besitzen wir Selbstvertrauen. Es scheint wie selbstverständlich vorhanden zu sein. Jeder hat solche Bereiche, die wie von selbst laufen. In anderen Lebensbereichen quälen uns hingegen Zweifel, dort werten wir uns ab, halten uns für ungebildet, schlecht, unfähig oder langweilig. Diese Situationen versuchen wir dann gern zu umgehen oder treten nur zaudernd an sie heran, weil wir davon ausgehen, zu versagen. Das heißt: Selbstvertrauen, das in einem Bereich vorhanden ist, muss sich nicht zwangsläufig über alle Lebensbereiche erstrecken.

Beispiele: Nicht in allen Bereichen selbstbewusst

Es ist durchaus möglich, dass eine Mutter mit drei Kindern die Vielzahl ihrer Aufgaben souverän erledigt: Familie, Termine, Haushalt. Im privaten Umfeld verfügt sie über ein gutes Selbstvertrauen. Daneben könnte sie sich in beruflichen Situationen aber wenig zutrauen, weil ihr hierfür das nötige Selbstvertrauen fehlt. Sie ordnet sich dort weit unter ihren Möglichkeiten ein.

Ebenso möglich: Ein Vertriebsleiter mit internationaler Tätigkeit ist beruflich erfolgreich und verdient gut. Ihm kann aber im Privatbereich das Selbstvertrauen fehlen, seine Person als liebenswert und wertvoll anzuerkennen und sich eine stabile Partnerschaft oder Familiengründung zuzutrauen, die er sich wünschen würde.

Die Arbeit am Selbstvertrauen endet nie

Wie wir eine Situation einschätzen und bewerten, geschieht auf der Basis unserer Wahrnehmungen, unserer bisherigen Erfahrungen und der individuellen Informationsverarbeitung in unserem Gehirn (ausführlich dazu, siehe Abschnitt „Wie nehmen Sie sich selbst wahr?"). Mit hinein spielt deshalb der physiologische und emotionale Zustand, in dem wir uns gerade befinden, wie z.B. starke Gefühle, Müdigkeit, Stress oder anderweitige psychische Belastungen. Man kann sich vorstellen, dass es einen Unterschied macht, ob man eine Situation z.B. ausgeschlafen und konzentriert betrachtet oder gestresst, frustriert und müde.

Beispiel: Anders betrachtet

Frau R. berichtet aus ihrem Führungsalltag: "Ich hatte einen hektischen Zwölf-Stunden-Tag im Büro, war erschlagen und wollte nach Hause. Ich checkte zum Schluss noch meine Mails. In einer Antwortmail las ich, dass die Präsentation, an der ich intensiv gearbeitet hatte, von amerikanischen Kollegen abgelehnt und zur Überarbeitung zurückgeschickt wurde. Sofort sackte meine Stimmung in den Keller. Ich fühlte mich schlagartig leer, enttäuscht und energielos. Ungnädig kamen meine alten Selbstvorwürfe und Zweifel an meinem Können hoch und ich sah nur noch die Kritik an meiner Arbeit.

Beim Lesen der Anmerkungen am nächsten Morgen sah die Sache anders aus: Ausgeruht konnte ich differenzieren und erkennen, dass nur wenige Stellen überarbeitet werden sollten und andere, wesentliche Inhalte, in Ordnung waren und gelobt wurden. Das hatte ich am Abend zuvor überlesen."

Der Grad des Selbstvertrauens ist also keine Konstante, sondern immer im jeweiligen Lebenskontext zu sehen. Auch gibt es keine Garantie dafür, dass man Selbstvertrauen auf ewig besitzt. Man muss permanent daran arbeiten, das Selbstvertrauen in bestimmten Bereichen auszubauen – oder wiederherzustellen.

> Selbstvertrauen ist ein zartes Pflänzchen, das unter ungünstigen Umständen Mangel leidet, ebenso wie es unter günstigen Umständen prächtig gedeiht.

Die wichtigsten Einflussfaktoren

Einflussfaktoren, die wesentlich auf das Selbstvertrauen einwirken, sind: Kindheit und Erziehung, Werte- und Normenverständnis und das eigene Rollenverhalten.

Kindheit und Erziehungsstile

Eltern sind die erste und wichtigste Instanz für die Entwicklung des Selbstvertrauens bei Kindern. Die tiefe Beziehung zu den Eltern und die Erfahrungen, die man dabei macht, wirken ein Leben lang. Eltern sollten die sichere Basis und gleichzeitig Vorbild dafür sein, wie man auf die Umwelt zugehen, Konflikte und schwierige Situationen meistern kann. Nachweislich hat der Erziehungsstil großen Einfluss auf die Entwicklung des Selbstvertrauens. Für die Ausprägung eines starken Selbstbewusstseins bergen einige Erziehungsstile und -methoden Gefahren. Nicht nur zu strenges, auch zu lockeres oder vernachlässigendes Erziehungsverhalten kann das kindliche Selbstvertrauen untergraben.

Strenge oder autoritäre Erziehung

Den autoritären Erziehungsstil zeichnen hohes Kontrollstreben seitens der Erzieher und eine geringe Antwortbereitschaft auf Anforderungen und Bedürfnisse des Kindes aus. Die Eltern sind dabei dem Kind gegenüber stark reglementierend und distanziert. Hier gelten strenge Regeln und das Hinterfragen der Autorität wird nicht gestattet. Weicht das Kind vom erwarteten bzw. vorgegebenen Verhalten ab, wird es getadelt, zurückgewiesen, eingeschüchtert oder hart bestraft.

In vielen Studien konnte nachgewiesen werden, dass die so erzogenen Kinder später zu Aggressionen neigen, geringe Sozialkompetenz und wenig Selbstvertrauen aufbauen. Der autoritäre Stil, dessen vordergründige Methoden Belohnung und Bestrafung sind, vermittelt zwar Sicherheit durch klare Regeln, andererseits können Kinder durch übertriebene Härte stark verunsichert werden. Kontrolle, Verbote, häufige Kritik und fehlende Empathie rauben Kindern ihr Selbstvertrauen. Die Folgen sind entweder Rückzug und Verunsicherung oder Gewalt und Aggression gegen sich und andere, was ebenfalls als Ausdruck fehlender Selbstsicherheit gilt.

Antiautoritäre Erziehung

Beim antiautoritären Erziehungsstil („Laisser-faire") steht die Annahme im Vordergrund, Erziehung wäre eine störende Beeinflussung der kindlichen Entwicklung. Die Erzieher verhalten sich dem Kind gegenüber relativ passiv und lassen es gewähren. Es werden lediglich geringe oder keine Regeln aufgestellt, so dass sich das Kind selbst überlassen bleibt. Kinder, denen keine Grenzen gesetzt werden, kennen diese folglich auch nicht. Sie sind stets auf der Suche nach Grenzen. Da sie diese ohne Anleitung der Eltern unmöglich finden können, sind sie frustriert und in Folge müssen sie soziale Verhaltensregeln alleine herausfinden, was sie überfordert.

Durch fehlende Grenzen und Regeln entsteht zudem disziplinloses Verhalten, durch das die Kinder oft in Konflikte mit anderen Menschen kommen. Da sie sich jedoch keine Strategien für diese Situationen aneignen mussten, können sie damit schlecht umgehen. Zusätzlich entsteht das Gefühl, die Eltern interessieren sich nicht für sie. Durch die fehlende Sicherheit und die mangelnde Konfliktfähigkeit wird das Selbstvertrauen dieser Kinder stark untergraben.

Vernachlässigende Erziehung

Das Schlimmste für ein Kind ist: Eltern, die es zurückweisen, desinteressiert und distanziert sind. Ist das Engagement der Eltern gering, sichert es in manchen Fällen lediglich das physische Überleben. Die Bedürfnisse des Kindes werden nicht wahrgenommen, weshalb diese versuchen, die Aufmerksamkeit durch auffälliges Verhalten auf sich zu ziehen. Die (zumeist negativen) Reaktionen der Eltern werden als Zeichen von Zuwendung und Interesse gewertet. Dies führt unter anderem dazu, dass die Kinder Störungen im Bindungsverhalten aufweisen und starke Defizite in verschiedenen Bereichen haben. Auffallend ist in Untersuchungen, dass diese Kinder nur einen geringen Grad an Selbstkontrolle und Selbstwertgefühl entwickelten.

Normen und Werte

Unsere Norm- und Wertvorstellungen haben ebenfalls Einfluss auf das Selbstvertrauen, da sie zentrale Lebensmotive sind. Normen sind übergeordnete, gesellschaftliche Regeln und Gesetze (auch Gebote und Verbote) einer jeweiligen

Gesellschaft, denen Werte zugrunde liegen. Diese Werte bzw. ihre Rangordnung sind stark kulturabhängig.

Beispiel: Normen im Alltag

In Europa gilt die Norm, mit Besteck statt mit den Fingern zu essen. Dies ist sozusagen ein ungeschriebenes Gesetz. Hält man diese Norm nicht ein und schaufelt den Salat mit den Fingern in den Mund, wäre es möglich, dass man aus einem Lokal verwiesen wird. Hinter der Norm stehen somit sittliche und ethische Werte, wie „Benehmen" oder „Anpassung".

Weitere Normen sind im Alltag etwa: bei Rot an der Ampel stehen zu bleiben, Kleidungsvorschriften, die Zehn Gebote etc.

Diese Regeln geben sozusagen Verhalten und Handlungen in einer bestimmten Kultur- oder Sozialgesellschaft verbindlich vor und unterliegen stark der sozialen Kontrolle. Werte stehen damit in engem Zusammenhang. Sie sind die ethisch-moralische Instanz hinter den Normen. Die Normen ihrerseits stellen den Schutz der Werte sicher.

Grundsätzlich kommt keine Gesellschaft ohne Normen und Werte aus. Sie sichern und regeln soziales Zusammenleben. Allerdings gibt es Abweichungen innerhalb einer Kultur: Wie wichtig ein bestimmter Wert für eine einzelne Person ist, hängt von ihren individuellen Maßstäben ab. Für den Aufbau von Selbstvertrauen ist es wichtig, sich der eigenen, wichtigsten Werte bewusst zu werden und ihnen weitgehend entsprechen zu können. Was ist wichtig für mich? Das ist die zentrale Frage, die wir uns immer wieder stellen sollten. Wer Werte wie Respekt, Mut, Verantwortung etc. ständig verleugnet (oder glaubt, sie verleugnen zu müssen), kann anderen und sich selbst gegenüber keine Wertschätzung aufbauen.

Beispiel: Wertekonflikt

Sie stehen vor dem dringenden Bedürfnis, Ihrem Chef offenes Feedback über sein Verhalten und die negative Auswirkung auf die Mitarbeiter zu geben. Damit würden Sie den für Sie wichtigen Werten „Ehrlichkeit/Offenheit" nachkommen. Dem könnte jedoch der Wert „Sicherheit" bezogen auf Ihren Arbeitsplatz, entgegenstehen. Möglicherweise unterdrücken Sie deshalb aus taktischen Gründen Ihr Bedürfnis, mit dem Chef zu sprechen, verleugnen damit aber gleichzeitig Ihren Wert „Offenheit".

Werte verändern sich

Normen werden durch Erziehung und Beobachtung erlernt. Auch Werte übernehmen wir größtenteils (manchmal auch unkritisch) von Bezugspersonen unserer Kindheit. Daran richten wir unsere persönlichen Ziele aus. Dennoch sollten sie von Zeit zu Zeit überprüft und mit dem aktuellen Lebensmodell abgeglichen werden. Die Gesellschaft verändert sich (z.B. zunehmende Offenheit in der Sexualität). Und man selbst verändert sich. Es kann sein, dass uns bestimmte Werte mehr oder weniger wichtig werden. Diese Veränderungen geschehen häufig nach Umbruchsituationen, Krisenzeiten oder einfach, indem man älter wird.

Beispiele: Veränderte Werte

Man kann sich vorstellen, dass ein 20-Jähriger die Werte „Freiheit", „Sicherheit", „Unabhängigkeit" oder „Mut" anders bewertet als ein 40-Jähriger, und jemand, der gerade Kinder bekommen hat, anders als jemand, dessen Kinder schon flügge geworden sind.

Hängt Ihnen z.B. noch immer der tradierte Satz aus dem Elternhaus: „XY tut/sagt man nicht" im Kopf? Dann wird es Zeit, ihn zu hinterfragen. Es könnte durchaus sein, dass Ihnen die Werte

„Aufrichtigkeit" und „Offenheit" mittlerweile viel wichtiger sind als die alten Werte „Anpassung" und „Anstand". Somit wären Sie heute viel authentischer, wenn Sie sich anderen gegenüber direkter und offener verhielten. Sie würden Ihr Selbstvertrauen stärken, statt sich zu verbiegen.

In Bezug auf das Selbstvertrauen ist es essentiell zu wissen, welche Werte persönlich wichtig sind. Nur dann kann man sie respektieren oder muss ihnen nicht ständig entgegenwirken, was auf Dauer frustriert. Authentizität entsteht, wenn man sich gemäß den eigenen Wertvorstellungen verhält. Folgt man dieser persönlichen Stimmigkeit, weiß man immer, aus welchen Motiven heraus man etwas tut oder unterlässt. Diese Klarheit ist eine spürbare Kraftquelle des Selbstvertrauens.

Rollenerwartungen

Jeder Mensch unterliegt Rollenerwartungen seiner Umwelt. Darunter werden die von der Umwelt erwarteten Verhaltensweisen einer Person in einer bestimmten Position bzw. Rolle verstanden. Die Rollenerwartungen drücken aus, wie dessen Träger dem allgemeinen Verständnis nach sein sollte. Durch sozialen Druck werden diese Erwartungen bewusst oder unbewusst eingehalten, um die zugeschriebene Rolle auszufüllen. Ein Verstoß gegen die Rollenerwartung ginge mit negativer Bewertung oder Sanktion von außen einher und würde mit dem Verlust z.B. von Gruppenzugehörigkeit oder Sicherheit verbunden sein. Auch stellen widersprüchlichen Erwartungen an einzelne Rollen häufig eine Belastung dar.

Beispiel: Alleinerziehende Mütter

Alleinerziehende Mütter müssen sich in einer Vielzahl von Rollen bewegen. Die Frauen können z.B. gleichzeitig Mutter, Tochter, Geliebte, Freundin, Geschäftspartnerin, Vereinsmitglied etc. sein. Dabei unterliegen sie sehr unterschiedlichen Rollenerwartungen, die sie gleichzeitig erfüllen müssen. Die Kinder erwarten von ihr anderes, als die Geschäftspartner, die Freundin anderes als die Mutter, der Geliebte anderes als die Kinder.

Sind die Rollenerwartungen mit den persönlichen Zielen und Bedürfnissen vereinbar, ist es unproblematisch. Wird man den Erwartungen jedoch nicht gerecht – weil z.B. die Ressourcen fehlen, Rollen sich widersprechen oder sie nicht mehr zu uns passen – können Probleme entstehen. Denn: Sind Rollenerwartungen und eigene Ziele nicht miteinander vereinbar, gibt man entweder eigene Bedürfnisse auf oder man verhält sich nicht rollenkonform. Letzteres kann zu Sanktionen durch die jeweilige Gruppe führen und man bekommt keine Bestätigung mehr, empfindet sich als "falsch. Das Selbstvertrauen wird untergraben, da sich diese Erfahrungen emotional enorm belastend und identitätsbedrohend auswirken.

Im Laufe des Lebens nimmt die Rollenvielfalt normalerweise zu. Deshalb ist es wichtig, sich klar zu werden, in welchen Rollen man sich überhaupt befindet und welche Erwartungen daran geknüpft sind. Diese Rollenerwartungen sollte man kritisch überprüfen, ablehnen oder anpassen. Auf Dauer demotiviert es uns, wenn wir Rollen innehaben, die uns heute nicht mehr entsprechen. Wollen Sie z.B. nicht mehr der Spaß- und Stimmungsmacher oder die Kummerkastentante sein, dann müssen Sie sich konsequent gegen diese Rollen entscheiden und dürfen sie nicht mehr bedienen.

Die Ausbildung von Selbstvertrauen gelingt nur, wenn Sie sich nicht ausschließlich den Rollenerwartungen anderer anpassen, sondern reflektieren, welche Rollen für Ihr Leben wichtig sind. Dies nimmt den Druck, der aufgrund unzähliger Erwartungen auf Ihnen lastet, und Sie werden frei, Sie selbst zu sein.

Auf einen Blick: Was Selbstvertrauen ist

- Zu unserem Selbst gehört alles, was man ist, kann oder könnte: Überzeugungen, Gedanken und Gefühle sowie Wissen und Fähigkeiten.
- Unser Selbstbild ist die Einschätzung dessen, welche Gefühle, Eigenschaften oder Fähigkeiten man in welchem Maße besitzt.
- Selbstvertrauen bedeutet, darauf zu vertrauen, dass man körperliche, psychische, geistige und emotionale Merkmale besitzt, die einen befähigen, die Herausforderungen oder Unwägbarkeiten des Lebens bewältigen zu können.
- Wer selbstsicher ist, kann mit Misserfolgen positiv umgehen und Krisen besser bewältigen.
- Selbstvertrauen ist keine Konstante: Es kann mal mehr, mal weniger vorhanden sein und wir arbeiten unser ganzes Leben lang daran.
- Die Erziehung und die Einflüsse, die wir als Kinder erfahren haben, sowie Normen und Werte unserer Umwelt beeinflussen unser Selbstvertrauen. Trotzdem ist es auch als Erwachsener möglich, sein Selbstvertrauen zu stärken.

Wo liegen Ihre Knackpunkte?

Nicht die anderen, wir selbst halten uns oft davon ab, selbstbewusster zu werden. Lassen Sie uns genau hinsehen, welche Haltungen, Gefühle und Gedanken in diesem Sinne Hindernisse sein könnten.

In diesem Kapitel lesen Sie,

- warum wir uns selbst oft anders wahrnehmen und beurteilen als unsere Mitmenschen dies tun,
- warum es wenig hilfreich ist, sich ständig mit anderen zu vergleichen und sich vom Urteil der anderen abhängig zu machen,
- wie wichtig es ist, die eigenen Bedürfnisse zu kennen,
- welche Rolle Hemmungen und Ängste spielen können.

Wie nehmen Sie sich selbst wahr?

Wir sind stets damit beschäftigt, uns zu kategorisieren, zu bewerten, einzuordnen. Permanent sammeln wir Informationen über uns. Doch: Woher stammen diese eigentlich? Die Quellen für Informationsgewinnung über uns selbst sind:

- Selbstbeobachtung: Wir beobachten unser Verhalten, indem wir den Blick nach innen richten.
- Sozialer Vergleich: Wir suchen nach Ähnlichkeiten und Unterschieden zwischen uns und anderen, um zu einer objektiveren Einschätzung zu kommen. Erst durch Vergleiche lassen sich eigene Fähigkeiten einordnen.
- Feedback von anderen: Wie die Umwelt auf unser Verhalten reagiert, gibt uns Aufschluss darüber, wie wir von anderen gesehen werden. Auch hier erhalten wir rationale (aber auch emotionale und verzerrte) Informationen.

Die Wahrnehmung: Kein Garant für Objektivität

Alle Informationen, die wir über uns und andere sammeln, unterliegen den Grenzen unserer Wahrnehmungsfähigkeit. Halten wir uns einmal die unermessliche Größe vor Augen: 11 Millionen Reize werden in jeder Sekunde von unserem Nervensystem aufgenommen. Diese müssen blitzschnell im Gehirn einer Sofortanalyse unterzogen werden. Dafür bedienen wir uns zuerst einer unbewussten, emotionalen Bewertung. Vereinfacht ausgedrückt, hilft der Wahrnehmungsfilter unserem Gehirn, Informationen sehr schnell einzuteilen in folgende Grobkategorien:

- gut – schlecht/positiv – negativ
- zustimmen – ablehnen
- Kampf – Flucht

Unbekannte, mit vorhandenen Mustern nicht abgleichbare Reize müssen bewusster und sorgfältiger verarbeitet werden. Sie erhalten mehr Aufmerksamkeit und werden im Kurzzeitgedächtnis zwischengespeichert.

All diese Verarbeitungsmechanismen sind grundsätzlich für unser Gehirn sehr sinnvoll, weil der Mensch ohne die Schnellselektion schlicht nicht überlebensfähig wäre. Jedoch muss das Gehirn bei der riesigen Bewertungsflut sehr grob arbeiten und das Ergebnis ist deshalb ein höchst individuell gefiltertes Konstrukt. Unser Wahrnehmungsfilter ist geprägt durch individuelle Erfahrungen, Erlebnisse, Werte, Interessen, Wissen und Gene. Deshalb kann das, was wir wahrnehmen niemals völlig der Realität entsprechen.

> Wahrnehmung ist kein passiver Prozess, bei dem absolute Realität aufgenommen wird. Sie ist vielmehr ein Prozess, bei dem der Wahrnehmende durch individuelle Selektion aktiv seine Realität gestaltet.

Verzerrung von Selbst- und Fremdwahrnehmung

Wahrnehmung beruht, vereinfacht ausgedrückt, auf unseren fünf Sinnen: Sehen, Hören, Riechen, Fühlen und Schmecken.

Auf Wahrgenommenes folgen Reaktionen wie Hormonveränderungen, Emotionen, Verhalten, Handlungen. Wie wir wahrnehmen, hat immer stark mit unserer Bewertung zu tun. Diese wiederum hängt vom individuellen Weltbild, unseren Werten, Denkmustern sowie von persönlichen Erfahrungen, Kultur und Sozialisation ab. Die Bewertung geschieht bewusst und unbewusst, blendet aber oft relevante Informationen aus. Das verstehen wir unter selektiver Wahrnehmung oder Wahrnehmungsverzerrung. Dies ist der Grund, weshalb z.B. das Selbstbild (die Vorstellung, die man sich von der eigenen Person macht) oft stark abweicht vom Fremdbild (die Vorstellung, die sich andere von uns machen). Die Ursachen für Differenzen und Informationslücken liegen in den Verzerrungen, die auf beiden Seiten stattfinden.

Nun könnte man denken, Verzerrungsmechanismen wären bei der Selbstwahrnehmung geringer, zumal man sich ja selbst sehr gut kennt. Das ist aber nicht Fall.

Beispiel: Neue Einsichten

Wer selbst schon einmal an einem Videotraining für Kommunikationstechniken teilgenommen hat, kennt das: Man bekommt die Aufgabe, ein Gespräch zu führen, und wird dabei gefilmt. Nicht nur die Tatsache, vor anderen eine Übung zu machen, macht nervös, sondern auch die laufende Kamera. Herr L. berichtet: "Ich führte das Gespräch – leider nicht so, wie ich es mir vorgenommen hatte. Eigentlich wollte ich etwas anderes sagen, verlor aber vor Aufregung den Faden und musste improvisieren. Ich empfand das Gespräch furchtbar und fühlte mich wie ein Versager. Deshalb wunderte ich mich, als die Kollegen und der Trainer mich lobten und mein Gespräch als gelungenes Beispiel darstellten.

Danach sah ich die Aufzeichnung meines Gesprächs und war erstaunt: Der, den ich da sah, war gut. Ich sah keine zitternden Knie, keine größeren Unsicherheiten und es war kaum zu bemerken, dass ich improvisierte. Ich möchte mich ja nicht selber loben, aber ich fand, dass ich locker und sympathisch wirkte. Ich hatte mich vorher subjektiv für wesentlich schlechter gehalten und wäre mit meiner Leistung absolut unzufrieden gewesen, hätte ich nicht die Aufzeichnung gesehen."

Da wir unsere eigenen Informationen über uns selbst ebenfalls verzerren und bewerten, ergeben sich daraus ebenso wenig realitätsnahe Einsichten über uns oder unsere Leistung. Das ist der Grund, weshalb der Eindruck, den eine Person von sich selbst hat, oft stark abweicht von dem, den andere von ihr haben. Für den Aufbau von Selbstvertrauen ist es wichtig anzuerkennen, dass wir Verzerrungen unterliegen und daher unsere Wahrnehmung nicht unbedingt stimmen muss. Und: Dass wir nicht einseitig auf unsere Schattenseiten blicken, sondern bewusst auch die positiven Seiten ansehen.

Nicht nur Personen nehmen wir verzerrt wahr, auch bei der Einschätzung von Situationen unterliegen wir den geschilderten Mechanismen.

Beispiel: Beeinflussung der Wahrnehmung

Emily Balcetis von der New York University und ihr Kollege David Dunning von der Cornell University, New York, konnten dies durch zahlreiche Versuche nachweisen. Zum Beispiel sollten Freiwillige abschätzen, wie weit eine Flasche Wasser von ihnen entfernt auf einem Tisch steht. Die Hälfte der Probanden hatte zuvor salzige Brezeln gegessen und war entsprechend durstig, die andere Hälfte hatte mehrere Gläser Wasser getrunken. Die Durstigen schätzten die Entfernung zur Wasserflasche im Durchschnitt auf 63,5 cm ein. Das war deutlich geringer als die

Einschätzung der anderen Gruppe (71 cm). Somit wurde klar, dass auch der körperliche Zustand (hier: Durst) die Wahrnehmung stark beeinflusst.

Warum wir verzerren

Für die Psyche ist Verzerrung sinnvoll: Sie dient dem Selbstschutz bzw. soll Energie- oder Ressourcenverschwendung vermeiden. Bei all dem steht der Schutz physischer und psychischer Bedürfnisse im Vordergrund. Durch die nicht der Realität entsprechende Wahrnehmung bewahren wir uns z.B. vor Enttäuschung und Verunsicherung. In bedrohlichen Situationen können negativ bewertete Objekte durch Wahrnehmungsverzerrungen näher und größer (daher „gefährlicher") erscheinen. Wissenschaftler vermuten, dass dadurch z.B. der Fluchtreflex schneller ausgelöst werden soll. Folgende Aspekte spielen bei der Verzerrung eine Rolle:

- Durch das Gefühl der „Richtigkeit" kann Verzerrung dazu beitragen, die Persönlichkeit zu stärken.
- Verzerrung trägt dazu bei, das Bedürfnis nach positiver Selbstwahrnehmung zu befriedigen, um psychisches und physisches Wohlbefinden zu sichern.
- Durch Verzerrung projizieren wir Wünsche und Hoffnungen in das Selbstbild, als Schutz vor Enttäuschung.
- Verzerrung durch fehlende Reflektion: Eigene Entwicklungen und Veränderungen werden nicht registriert.
- Verzerrung durch Emotion: Ein gut gelaunter Mensch nimmt z.B. leichter positive Informationen wahr als negative und umgekehrt.

- Verzerrung durch Einfluss nahestehender Menschen: Wird jemand z.B. von Kindheit an oft kritisiert, sieht er sich möglicherweise in einem negativeren Bild im Vergleich zu anderen.
- Verzerrung durch soziale Kontexte: Je nach sozialer Umgebung, in der wir uns aufhalten, kann Wahrnehmung gruppendynamisch beeinflusst werden. Eine Gruppe bestätigt sich gegenseitig in den falschen Wahrnehmungen und generiert dadurch Überzeugungen, die objektiv nicht stimmen. Somit glauben alle das Gleiche (was sicher macht), obwohl es tatsächlich von der Realität abweicht.

Gerade wer über wenig Selbstvertrauen verfügt, nimmt seine Wirkung oder Leistung oft verzerrt wahr und beurteilt sie negativ.

Blinde Flecke

Das vierteilige Johari-Fenster wurde von den amerikanischen Sozialpsychologen Joseph Luft und Harry Ingham entwickelt. Dieses Modell stellt einen Vergleich zwischen Selbst- und Fremdwahrnehmung dar.

- Es zeigt, dass es Bereiche im Verhalten einer Person gibt, die von anderen zwar wahrgenommen werden, aber von der Person selbst nicht.
- Es zeigt, dass überhaupt nur ein Teil des Verhaltens einer Person von ihr selbst und von anderen wahrgenommen werden kann. Andere Aspekte sind nicht bekannt, nicht bewusst oder nicht zugänglich.

In der folgenden Abbildung sehen Sie die Bereiche einer Person dargestellt: links sind diejenigen, welche der Person bekannt sind, rechts diejenigen, welche ihr unbekannt sind.

A **freies Handeln** mir und anderen bekannt	**B** **blinde Flecke** nur anderen bekannt
C **Verbergen** nur mir bekannt	**D** **Unbewusstes** mir und anderen unbekannt

Das Johari-Fenster

Man kann anhand dieses Modells gut die Bereiche der eigenen Persönlichkeit bzw. des Verhaltens ablesen, über die man keine Informationen besitzt – und auch nicht erlangen kann. Betrachten wir die vier Teilbereiche:

- A: Bekanntes – meine Wahrnehmungen in diesem Bereich decken sich mit denen der anderen.
- B: Selbsttäuschung – man erkennt seine Eigenheiten oder Verhaltensmuster nicht. Die Umwelt hingegen weiß darüber bestens Bescheid.
- C: Täuschung – andere erkennen die Eigenheiten oder Macken einer Person nicht und die Person selbst kommuniziert ihre Geheimnisse oder „Leichen im Keller" nicht.

- D: Unbekanntes – weder ich noch die anderen kennen diesen Bereich. Der verborgene Teil unseres Selbst taucht höchstens in Extremsituationen auf.

Eine realistischere Selbsteinschätzung gelingt, wenn wir uns mit den Quadranten A, B und C bewusst auseinandersetzen. Nur durch Feedback können wir eigene blinde Flecken nach und nach erkennen und Stärken und Schwächen entweder akzeptieren oder bearbeiten.

Beispiel: Feedback

Herr P. erzählt: „Meine Frau hatte mich mehrmals darauf aufmerksam gemacht, dass ich mich ununterbrochen räuspere, wenn ich angespannt bin. Ich hatte das noch nie an mir festgestellt und reagierte wütend auf ihre "Unterstellungen„. Durch die Betrachtung des Johari-Fensters ist mir bewusst geworden, dass da was dran sein könnte: Vielleicht nerve ich die anderen und merke es gar nicht?"

Wer akzeptiert, dass er blinde Flecken besitzt, nimmt leichter Feedback von anderen an. Eine geringere Vorwurfshaltung, weniger Verleugnungen oder Unterstellungen sind die Folge. Im Bereich des blinden Flecks liegen neben Schwächen ebenso Stärken, die uns nicht bewusst sind. Nutzen Sie deshalb das Feedback anderer, um etwas über Ihre Stärken zu erfahren. Das stärkt auch Ihr Selbstvertrauen.

Das Selbstbild bestätigen

Die US-Psychologen Daniel G. Schroeder, Robert Josephs und William Swann von der Universität Texas konnten in Studien aufzeigen, dass Menschen mit wenig Selbstbewusstsein in ihrer negativen Selbsteinschätzung lieber bestätigt werden, als positiv anerkannt zu werden. Was sich paradox anhört, hat nachvollziehbare Gründe.

Beispiel: Kündigung wegen Gehaltserhöhung

Die Studie (Foregoing lucrative employment to preserve low self-esteem) untersuchte, ob ein Zusammenhang besteht zwischen der Bezahlung eines Angestellten, dessen Selbstbewusstsein und seiner Bereitschaft, den Job zu wechseln. Die Wissenschaftler befragten im ersten Schritt 7758 Studenten über den selbsteingeschätzten Grad ihres Selbstbewusstseins. Nachdem die Studenten Angestellte geworden waren und 24 Monate lang gearbeitet hatten, untersuchten die Forscher die Gruppe noch einmal. Sie stellten einen kuriosen Zusammenhang fest: Diejenigen mit wenig Selbstbewusstsein blieben ihrem Arbeitgeber treu, wenn sie keine Gehaltserhöhungen erhielten. Wurde ihr Gehalt erhöht, verließen sie die Firma eher. Bei den Angestellten, die über viel Selbstvertrauen verfügten, war es umgekehrt: Sie blieben überwiegend dann, wenn ihr Gehalt stieg. Blieb es unverändert, wechselten sie.

Das Ergebnis erscheint auf den ersten Blick verwirrend. Wäre es nicht nachvollziehbarer, dem Arbeitgeber treu zu bleiben, wenn das Gehalt steigt? Diese Überlegung ließe einen wesentlichen Aspekt außer Acht: die eigene Wahrnehmung. Die zugrunde liegende Selbstverifikationstheorie stellt folgende These auf: Menschen erhalten existenzielle Sicherheit und Kontrolle, wenn sie die Umwelt und sich selbst als vorhersagbar erleben. Wir alle streben nach Bewahrung des eigenen Selbstbildes und suchen Indizien, die es bestätigen. Dafür verwenden wir Feedback der Umwelt. Je mehr unsere Sicht von anderen bestätigt wird, desto größer wird die Sicherheit. Besonders auffallend ist diese Tatsache bei Menschen, die über ein negatives Selbstkonzept verfügen. Es wurde nachgewiesen, dass die im Beispiel genannten Personen ein negatives Selbstbild hatten und dementsprechend das negative Feedback suchten. Dieses empfanden sie dann als zutreffend, da es ihre Einschätzung bestätigte.

> Menschen wollen ihr eigenes Selbstkonzept bestätigt sehen, sei es positiv oder negativ.

Sobald Menschen mit stark negativem Selbstkonzept positives Feedback erhalten, geraten sie in eine Zwickmühle: Auf der einen Seite besteht der Wunsch, sich gut zu fühlen (Selbstwerterhöhung) und die Anerkennung anzunehmen. Auf der anderen Seite steht die Befürchtung, irgendwann „durchschaut" zu werden und zugeben zu müssen, so gut vielleicht nicht zu sein.

Wollen wir positives Feedback annehmen, müssen wir erst einmal daran glauben, dass es Seiten und Verhaltensweisen an uns gibt, die gut sind. Wir müssen akzeptieren, dass andere etwas wahrnehmen, das wir selbst eventuell so nicht erkennen (s. Johari-Fenster). Selbst wenn uns die Anerkennung übertrieben erscheint, sollten wir sie stehen und wirken lassen, statt sie sofort zu negieren. Es ist schließlich die ganz eigene Sichtweise eines anderen und dieser hat das Recht, unsere positiven Seiten zu bemerken und zu kommentieren.

Stimmen Selbst- und Fremdbild überein?

Selbstbild und Fremdbild sind nie komplett deckungsgleich. Es gibt keinen Menschen auf der Welt, der genau so wäre, wie er sich selbst oder seine Umwelt ihn sieht.

> Der Mensch ist dreierlei: Er ist das, was er selbst von sich denkt. Er ist das, was andere von ihm denken und: Er ist das, was er wirklich ist.
> (Stephen Wolinsky, aus „Die Essenz der Quantenphysik")

Je größer die Übereinstimmung zwischen unserem Selbstbild und dem Fremdbild ist, desto mehr können wir unserer Bewertungsfähigkeit vertrauen. Hohe Übereinstimmung vermittelt Sicherheit bezüglich der eigenen Einschätzung und gilt als wesentliche Voraussetzung für Leistungsfähigkeit und psychisches Wohlbefinden.

Der folgende Fragebogen soll dabei unterstützen herauszufinden, wie deckungsgleich Ihr Selbstbild und Ihr Fremdbild sind. Kopieren Sie ihn dazu mehrmals und kreuzen Sie auf einem der Exemplare spontan an, wie Sie sich in den Kategorien einordnen (-3: trifft gar nicht zu, 0: neutral, 3: trifft völlig zu). Bitten Sie anschließend andere Personen, den Fragebogen auszufüllen. Vergleichen Sie dann das Selbst- und Fremdbild.

Selbst-/Fremdbild	–3	–2	–1	0	1	2	3
mutig							
durchsetzungsfähig							
intelligent							
sensibel							
sympathisch							
ehrgeizig							
kompromissbereit							
freundlich							
souverän							
hilfsbereit							
lebensfroh							
lustig, gesellig							
bequem							
direkt							
dominant							
entscheidungsfreudig							
spontan							
risikofreudig							
korrekt							
distanziert							
ordnungsliebend							
vertrauensvoll							

Auswertung

- Liegt die Einschätzung von 15 oder mehr Kategorien sehr nah beieinander, bestätigt Ihnen das eine gute Selbsteinschätzung.
- Gibt es starke Abweichungen, beschäftigen Sie sich detaillierter mit den einzelnen Bereichen: Was könnte an der Sicht des anderen dran sein? Fragen Sie nach. Versuchen Sie den Grund für starke Differenzen in den Sichtweisen herauszufinden. Sie erfahren dadurch, was anderen an Ihnen gefällt, und Sie erhalten positive Erkenntnisse über sich, die Sie beflügeln und Ihnen neue Energie geben.
- Die Abweichungen zeigen Ihnen, woran Sie eventuell arbeiten sollten. Aus diesen Erkenntnissen können Sie tragfähige, persönliche Entwicklungsschritte ableiten, die Ihr Selbstvertrauen stärken und aufbauen.

Wie nehmen Sie sich im Verhältnis zu anderen wahr?

Für das Selbstvertrauen ist es nicht nur wichtig zu wissen, wie andere uns sehen, sondern auch wie die eigenen Fähigkeiten im Verhältnis zu anderen stehen. Wären wir allein auf einer Insel, könnten wir nicht besser, schlechter, schneller oder hässlicher sein als ... Die Vergleichsgröße würde fehlen.

Vergleiche mit anderen

Wir brauchen den Vergleich mit anderen, um uns in sozialen Interaktionen bzw. in unserer Leistungsqualität einordnen zu können. Normalerweise vergleichen wir unsere Leistung mit einer Standardgröße und kommen dadurch zu einem „besseren" oder „schlechteren" Ergebnis. Voraussetzung ist: Die Standardgröße stimmt. Ansonsten kann man keine Information aus dem Vergleich ziehen. Beispielsweise wäre es unsinnig, die Geschwindigkeit eines Hamsters und eines Pferdes zu vergleichen, weil die Vergleichsebene nicht stimmt. Vergleichen wir uns mit viel Besseren oder viel Schlechteren, entstehen sogenannte auf- bzw. abwärts gerichtete Vergleiche. Diese können den Selbstwert beträchtlich steigern oder auch untergraben.

Beispiel: Mit wem vergleichen Sie sich?

Abwärts gerichteter Vergleich

Sie vergleichen sich mit einem Kollegen, der in der gleichen Firma arbeitet, die gleiche Position innehat und die gleiche Verantwortung trägt wie Sie. Der Unterschied: Der Kollege verdient trotz gleicher Leistung weniger. Diese Information stellt eine Selbstwerterhöhung dar und kann das eigene Wohlbefinden steigern. Das Gleiche geschieht, wenn Sie erlittenes Unglück oder Schicksalsschläge von anderen betrachten: Der Gedanke kann in gewissem Maße trösten und hat eine positive Auswirkung auf das Selbst („Mir geht es besser als anderen.").

Aufwärts gerichteter Vergleich

Setzt man sich in Vergleich zu Menschen, die herausragende Leistungen oder Höchstleistungen erbringen, kann das Selbstvertrauen sinken. Sobald man sich z. B. mit einem Astronauten oder einem Nobelpreisträger in Physik vergleicht, ist es nicht schwer, deren Fähigkeiten als viel besser einzuschätzen und aus dem Vergleich abzuleiten: „Ich bin schlechter als ...".

Stellt jemand ständig aufwärts gerichtete Vergleiche mit Höchstleistern in bestimmten Gebieten an, hat dies zur Folge dass Selbstwert und Motivation herabgesetzt werden. Die

Strategie der Vergleiche ist sowieso nicht unbedingt als rationaler Informationsgewinn zu sehen – wir haben das Thema der Wahrnehmungsverzerrung weiter vorne bereits besprochen (siehe Abschnitt „Wie nehmen Sie sich selbst wahr?"). Ein Vergleich ist lediglich ein Informationsbaustein, um etwas über sich zu erfahren.

Ob wir auf- oder abwärts gerichtete Vergleiche bevorzugen, liegt laut Forschung daran, bei welchem Vergleich unser vorhandenes positives oder negatives Selbstwertgefühl bestätigt wird. Abwärts gerichtete Vergleiche stärken das Selbstvertrauen, aufwärts gerichtete schwächen es. Selbst wenn unser Verstand die Hintergründe durchaus erfassen kann, stellen wir oft Vergleiche an, die fehlerhaft sind – manchmal trotz besseren Wissens.

Beispiel: Das „Ideal" der Werbung

Die Werbeindustrie nutzt unser Bedürfnis nach Vergleichen gnadenlos aus: Wer sich mit einem Model auf einem Werbeplakat vergleicht und die faltenfreie Haut, das glänzende Haar, die „perfekte" Inszenierung des Körpers wahrnimmt, gewinnt logischerweise den Eindruck, bedeutend schlechter oder älter auszusehen als die dargestellte Person. Trotz des Wissens um die Tricks der Werbeindustrie fallen wir immer wieder darauf herein und kaufen deshalb Faltencremes, Diätprodukte, teure Parfüms oder schnelle Autos, um uns dem Erfolg, der Beliebtheit und Schönheit des „Ideal-Menschen" anzunähern.

Bei unsicheren Menschen ist häufig ein innerer Zwang zu beobachten, sich permanent zu vergleichen. Dabei manifestiert sich ihre negative Selbsteinschätzung, denn sie wählen vorwiegend aufwärts gerichtete Vergleichspartner. Die Rückschlüsse, die sie daraus ableiten, sehen Sie als Beweis für ihr

Ungenügen, und damit schaden sie ihrem Selbstvertrauen enorm.

Sich benachteiligt fühlen

Wer das Gefühl hat, im Leben ständig benachteiligt zu werden, sollte genau betrachten, *was* er vergleicht. Oft nimmt man lediglich die Erfolge der anderen wahr, ohne auch ihre Misserfolge oder die Vielzahl ihrer Bemühungen mit ins Kalkül zu ziehen. Dadurch entsteht ein Bild von jemandem, der ganz locker durchs Leben geht. Dieses Bild dient dann als Bestätigung dafür, dass andere viel mehr Vorteile und Glück haben als man selbst. Durch diese hinkenden Vergleiche demontiert man sein Selbstvertrauen.

Abhängig vom Urteil anderer

Selbstunsichere Menschen beschäftigen sich oft stark mit Gedanken und Urteilen von anderen. Sie legen auf die Bewertung durch andere größeres Gewicht als auf die eigene Meinung und das eigene Gefühl. Wer ständig nur um die Fragestellung kreist, wie er sich verhalten muss, um vor anderen gut dazustehen, wird irgendwann handlungsunfähig durch die Vielzahl der Anforderungen. Die Orientierung an anderen hindert uns daran, unser Potential als Individuum auszuschöpfen. Es legt uns im schlimmsten Fall lahm, da wir in einem ständigen Dilemma zwischen verschiedenen Anspruchshaltungen fest hängen: Macht man es dem einen recht, beschwert sich der andere, findet man hier eine vertretbare Lösung, kommen zuwiderlaufende Anforderungen von ganz anderer Seite. Zwischen der Vielzahl der Aufgaben reibt man sich auf. Eigene Ansprüche und Bedürfnisse kommen dabei völlig zu kurz und Ermüdung, Frust und Enttäuschung sind die Folgen.

> Wer seinem Urteil und Gestaltungsvermögen misstraut, kommt aus dem Gleichgewicht. Das Zentrum der Schwerkraft liegt aber nirgendwo anders als innerhalb der eigenen Person.

Meist orientieren wir uns deshalb so stark am Urteil anderer, weil wir von ihnen Lob und Anerkennung wollen. Diese Erwartungshaltung führt schlussendlich aber zur ständigen Angst davor, Lob und Anerkennung nicht zu erhalten und enttäuscht zu werden. Morgan Scott Peck, amerikanischer Psychiater und Psychotherapeut, formulierte zu dem Thema folgende Zeilen: „Lob von anderen zu brauchen, ist das Schlimmste, das Sie sich antun können. Sie wären besser dran, wenn Sie von Heroin abhängig wären. Solange Sie welches haben, lässt Heroin Sie nie im Stich und macht Sie immer glücklich. Wenn Sie aber von einem Menschen erwarten, dass er Sie glücklich macht, so werden Sie unablässig enttäuscht."

Kennen Sie Ihre Bedürfnisse?

Wer sich gruppenorientiert verhält, kommt immer wieder in Situationen, in denen er nachgeben, Rücksicht nehmen und eigene Bedürfnisse zurücknehmen muss. Zweifellos ist dies eine wichtige Fähigkeit, denn ohne soziales Verhalten gäbe es kein funktionierendes Zusammenleben. Andererseits ist es ebenso wichtig, auf seine eigenen Bedürfnisse zu achten.

Irgendwann empfindet auch der sozialste Mensch Frust darüber, wenn er seine Interessen immer hinten anstellt oder mit seinen Belangen nicht rücksichtsvoll umgegangen wird.

In der Grafik auf der nächsten Seite sehen Sie, dass auch die Befriedigung des Selbstwertgefühls und der Wunsch nach Erfolgserlebnissen Bedürfnisse sind. Die Bedürfnispyramide der Psychologin Ursula Nuber beruht auf dem Entwicklungsmodell menschlicher Bedürfnisse des Psychologen Abraham Maslow. Nuber erweiterte dieses Modell und stellte darin auch die Wichtigkeit des Selbstwertes dar.

Wir können aus dieser Darstellung ableiten, wie die Hierarchie unserer Bedürfnisse aussieht: Unten, an der Basis der Pyramide stehen die Grundbedürfnisse wie Essen, Trinken und Sicherheit. Sind diese befriedigt, wenden wir uns dem nächsthöheren Bedürfnis zu. Bereits nach den Grundbedürfnissen kommen die Bedürfnisse nach Zugehörigkeit, Anerkennung und Aufbau des Selbstwerts.

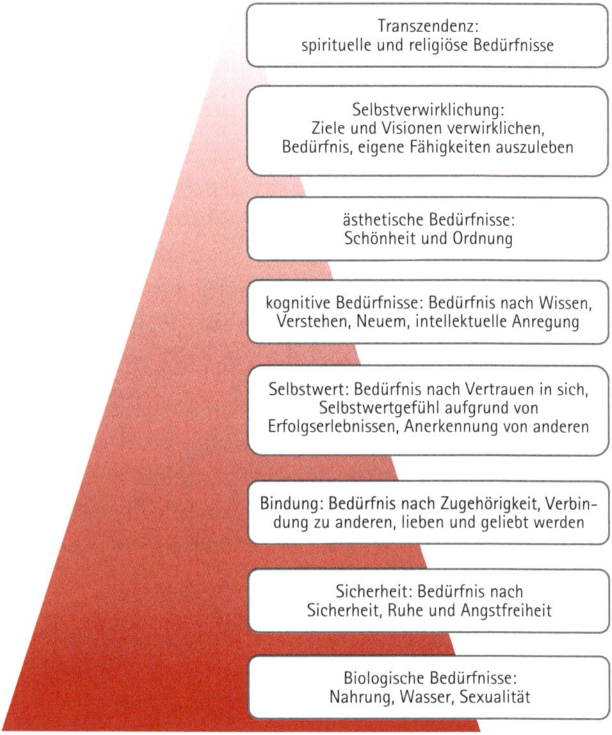

Bedürfnispyramide nach Ursula Nuber

Zugehörigkeit – ein wichtiges Bedürfnis

Dass die Einordnung der eigenen Person, der Vergleich mit anderen Menschen so überaus wichtig ist, hängt mit unserem Bedürfnis nach Zugehörigkeit zusammen. In der Bedürfnishierarchie steht es sehr weit unten, was seine Wichtigkeit unterstreicht. Die Bedürfnisse der unteren Ebenen müssen befriedigt sein, bevor man sich der nächsthöheren Ebene zuwenden kann. Unser Gehirn ist auf ausreichend gute soziale Beziehungen geeicht: Aktuelle Untersuchungen der Neurobiologie beweisen, dass das Gehirn nicht nur direkte Bedrohungen des Körpers als Gefahr wertet, sondern auch gestörte zwischenmenschliche Beziehungen, unlösbare Konflikte, drohende Einsamkeit, schwere Kränkungen oder sozialen Ansehensverlust – also jeden drohenden Verlust von Sicherheit bezüglich unserer sozialen Zugehörigkeit.

Beispiel: Zugehörigkeit hält gesund

Das Erleben von Zugehörigkeit ist nach vorliegenden Forschungen nachweislich gesundheitsfördernd und sogar für die Lebensdauer bedeutsam. 1999 beschrieb der Mediziner und Sozialforscher Ronald Groosarth-Maticek im Rahmen umfangreicher empirischer Studien: Ein gutes Zugehörigkeitsgefühl erhöht die Wahrscheinlichkeit, alt zu werden um das Vierfache. Auch der Therapeut Theo Schoenaker berichtete 2006 über die Zunahme von psychosomatischen Erkrankungen, Fehlleistungen, Unzufriedenheit und geringer Belastbarkeit bei Menschen, die sich als nicht zugehörig zu einem System fühlten. Aus ethnografischen Studien weiß man, dass die Verbannung eines Mitglieds aus dem Stammesverbund oft sogar einem Todesurteil gleichkam und zu hoher Sterblichkeit führte, selbst wenn genug Nahrung zu finden war.

Selbstwert und Selbstvertrauen entstehen aus dem Erleben des Angenommenseins, der Gleichberechtigung, Teilnahme und Anerkennung. Das Empfinden von Zugehörigkeit zu Sozialsystemen ist für uns Menschen existenziell. Durch die übergeordnete Stellung der Zugehörigkeit wird klar, warum manche Menschen trotz tiefer seelischer Verletzungen, Missachtung ihrer Bedürfnisse und ihrer Würde dazu neigen, sich Systemen unterzuordnen oder sich anzupassen. Manchmal ist der Grad der Anpassung deutlich höher als die Berücksichtigung der eigenen Bedürfnisse – sie nehmen das in Kauf, um sich zugehörig zu fühlen.

Wie viele Menschen in unserer westlichen Kultur arbeiten mehr als sie müssten, verdienen und besitzen viel mehr als sie brauchen? Sie arbeiten für Statussymbole, die nicht lebensnotwendig sind und haben für sich oder ihre Kinder kaum mehr Zeit. Nicht Wenigen ist die Ruhe, Ausgeglichenheit und Lebensqualität verloren gegangen. Trotzdem machen wir fast alle mit: Dies ist ein Beispiel von (teilweise unbewusster) Anpassung an ein System, das Leistung, Profit und Steigerung heißt. Dabei muss Selbstverwirklichung nicht zwangsläufig dem Zugehörigkeitsbedürfnis entgegenlaufen: Wer seinen Lebenszielen unter Berücksichtigung der Bedürfnisse seiner engsten Umwelt treu bleibt und sie verfolgt, wird belohnt mit Selbstvertrauen: Er empfindet sein Leben als stimmig und richtig.

Kennen Sie Ihre Hemmungen?

Es gibt innere Widerstände, die unser Können, unsere Lockerheit und Kreativität blockieren. Hemmungen verhindern, dass wir uns so geben, wie wir möchten und könnten. Hemmungen sind z. B. Rückzugsverhalten, Schüchternheit, Verstummen in Gruppen, steifes oder ungeschicktes Benehmen, Erröten, Verunsicherung, Denkblockanden, stockendes Sprechen usw. Sie sind an sich nichts Krankhaftes. Es sind jedoch unangenehme Reaktionen, die meist in Kindheitstagen erworben wurden. Durch gehemmtes Verhalten versucht man in der Regel zu vermeiden, angreifbar zu werden.

Unterwerfung und Rückzug

Psychologisch gesehen ist Schüchternheit oder Hemmung ein Unterwerfungsverhalten. Man hält sich für schwächer als den anderen und unterwirft sich freiwillig dem Gegenüber. Das tun wir körpersprachlich, indem wir uns nicht mit „breitem Kreuz aufbauen", sondern eine eher verschlossene Körperhaltung einnehmen. Weiterhin vermeidet man z.B. festen Blickkontakt, spricht sehr leise oder gar nicht, entschuldigt oder rechtfertigt sich häufig. Oft stimmt man anderen entgegen besseren Wissens zu oder sagt das, was diese hören wollen. Damit signalisieren wir: „Ich bin nicht aggressiv, ich tu dir nichts – lass mich in Ruhe."

Da viele Schüchterne ihre Hemmungen als unangenehm empfinden, versuchen sie, die Auslösesituationen zu vermeiden. Sie bleiben möglichst Menschenansammlungen fern, meiden Feste, Rendezvous, Gesellschaften, größere Veranstaltungen etc. und nicht selten benutzen sie dafür Ausreden. Diese Tendenz ist insofern gefährlich, da sie zu sozialer Isolation führen kann und dadurch ganz massiv dem Selbstbewusstsein schadet.

Angst vor Blamage

Gehemmte Menschen erröten leicht, sobald sie angesprochen werden. Sie fürchten, dem Gesprächspartner nicht gewachsen zu sein. Oder sie fürchten, dieser könnte etwas von ihnen wollen, das sie nicht erfüllen können, und er könnte ihre Unfähigkeit bemerken etc. Diese Sorge muss nicht der Realität entsprechen und tut es oft auch nicht (s. Verzerrung von Selbst- und Fremdwahrnehmung im Abschnitt „Wie nehmen Sie sich selbst wahr?"). Ursache von Hemmungen ist in vielen Fällen, dass die Betroffenen großen Wert auf die Meinung anderer legen. Dies gilt in Bezug auf die eigene Erscheinung, das Auftreten oder Verhalten. Dabei ist zu beobachten, dass sich Schüchterne in Gegenwart von Menschen, die sie als schöner, schlauer, besser in irgendeiner Form erachten, besonders gehemmt fühlen. In Gesellschaft von Menschen, auf deren Meinung sie keinen großen Wert legen, spüren sie weniger Hemmungen.

Gesteigerte Sensibilität

Die Veranlagung zu Hemmungen und Schüchternheit ist teilweise erblich, aber auch erworben. Großen Einfluss haben hierbei bisherige Erfahrungen: Ein autoritärer Erziehungsstil etwa (siehe Abschnitt „Die wichtigsten Einflussfaktoren") begünstigt die Entwicklung von schüchternem Verhalten. Hinzu können unbewältigte, traumatische Erlebnisse aus der Vergangenheit kommen. Auch leiden gehemmte Menschen unter Situationen, denen sie sich nicht gewachsen fühlen oft extrem, da sie häufig hochsensibel darauf reagieren.

Beispiel: Gesteigerte Sensibilität

Ein junger Abteilungsleiter berichtete: „Ich war auf unsere Betriebsfeier gegangen, hatte mich überwunden, obwohl ich eigentlich keine Lust darauf hatte. Ich setzte mich zu anderen Kollegen an den Tisch. Anfangs war das noch ganz o.k., ich nahm auch am Gespräch teil. Nach dem Essen begann eine Band zu spielen und es wurde getanzt. Nachdem ich nicht tanzen wollte, saß ich einige Zeit allein am Tisch. Ich beobachtete die Leute um mich herum. Manchmal sahen die Kollegen zu mir herüber, dann schnell wieder weg, wenn ich hinsah. Einige Kolleginnen habe ich beobachtet und wusste, dass sie über mich redeten oder lästerten. Ich fühlte mich zunehmend angespannt und irgendwann so fürchterlich, dass ich ohne Verabschiedung gegangen bin."

Verunsicherte Menschen stellen ihre Antennen extrem sensibel auf „Alarm". In erster Linie tun sie dies, um sich zu schützen. Durch die übergroße Sensibilität nehmen sie eine Menge Dinge wahr, die um sie herum geschehen. Diese beziehen sie häufig fälschlicherweise auf sich und leiten daraus den Beweis ab, weniger respektiert, gemocht oder anerkannt zu werden als andere. Hinzu kommt: Durch ihre Unsicherheit neigen sie dazu, ständig auf der Lauer zu liegen, um Beweise dafür zu finden, dass sie lächerlich gemacht werden. Um Befangenheit bei ihnen auszulösen, genügt es, dass sie *glauben*, jemand würde sie missbilligen oder lächerlich machen. Gelächter kann sie in der Annahme bestätigen, dass man über sie Witze macht, Tuscheln beweist, dass schlecht über sie geredet wird.

Kennen Sie Ihre Ängste?

Ängste und Angststörungen haben in den letzten Jahren überdimensional zugenommen. Die Folgen für die Betroffenen sind nicht nur psychisch belastend, sondern können zu anhaltendem Stress führen, auch ein Zusammenhang zur Entstehung von Depressionen wird in der Forschung gesehen.

Angst per se ist ein wichtiges Urgefühl: Sie schärft die Sinne, macht uns wach und ist ein Mechanismus, der uns vor Gefahren schützt. Grundsätzlich ist Angst ein Gefühl wie Zorn, Trauer, Freude oder Glück. Ausgelöst wird Angst durch eine Bedrohung, die wir zunächst als nicht zu bewältigen einschätzen. Die Auslöser können aber durchaus unterschiedlich sein: Angst vor einem Braunbären im Wald haben wir wohl alle, nicht aber z.B. vor einer Party mit vielen Menschen. Angst führt immer zu Stressreaktionen im Körper wie erhöhtem Puls und Blutdruck, Muskelanspannung, bis hin zu Schwitzen, Zittern, Schwindel etc.

Arten von Angst

Psychologen definieren drei Gruppen von Ängsten, die sich überschneiden können:

- **Existenzängste:** Angst vor körperlicher Bedrohung, wie Krankheit, Alter, aber auch vor Arbeitsplatzverlust und Verarmung.
- **Soziale Ängste:** Angst vor Selbstwertbedrohung, wie Präsentationsangst, Angst vor Meinungsäußerung, Autoritätsverlust, Angst vor anderen.

- **Leistungs- und Versagensängste:** wie Prüfungsangst, Angst vor Neuerung, Fehlern, Kontrollverlust, Angst vor Beurteilung oder Zusammenarbeit.

Neben den genannten gibt es eine Reihe von Ängsten wie Flugangst, Angst vor Spinnen, Platzangst etc., die sich in die oben genannten Kategorien subsumieren lassen.

> Alle Ängste, unabhängig durch welchen Reiz sie ausgelöst werden, sind immer als eine Art Durchsage zu betrachten. Diese warnt uns, sobald wir uns in irgendeiner Form in unserer Existenz bedroht fühlen.

Strategien gegen Angst

Flucht oder Kampf, Verteidigung oder Koalition sind als Reaktionen der Angstabwehr bekannt. Es gibt noch eine Vielzahl weiterer, unbewusster Strategien, die wir zur Angstabwehr nutzen. Sie sind in vielen Fällen nicht dauerhaft zielführend, doch wir haben die Erfahrung gemacht: Sie „helfen", z. B.:

- Perfektionismus: gegen Angst vor Fehlern.
- Rückzug: gegen Angst vor Ablehnung anderer.
- Fluchtwege wie Alkohol, Medikamente, Drogen, Krankheit, innere Kündigung etc.: um dem Stressor auszuweichen bzw. ihn aushalten zu können.
- Verdrängung/Vergessen: um sich nicht mit dem Angstauslöser auseinander setzen zu müssen.
- Regression (kindliches, hilfloses Verhaltensmuster): um sich helfen zu lassen und z. B. keine eigenen Entscheidungen treffen zu müssen.

Ängste und Bedürfnisse

Bedürfnisse wollen befriedigt werden. Geschieht dies, entsteht ein gutes Gefühl. Deshalb sind wir ständig damit beschäftigt, unserer Bedürfnisbefriedigung nachzugehen. Daneben gibt es aber auch Bedürfnisse, die wir gar nicht erst zulassen. Unterdrückte Bedürfnisse machen Angst, weil wir befürchten, sie nicht unter Kontrolle halten zu können oder für ihre Befriedigung bestraft zu werden. Die Angst vor Strafe stammt meist aus der Kindheitserfahrung, dass bestimmte Bedürfnisse von der Umwelt bestraft wurden. Beispielsweise könnte das Bedürfnis nach Anerkennung durch Abwertung, Verachtung oder auch körperliche Misshandlung frustriert worden sein. Es entstand eine psychische Verletzung und man hat infolgedessen gelernt, sich davor zu schützen. Dies kann z. B. durch Unterdrückung oder Verdrängung geschehen. Die Angst, für Bedürfnisbefriedigung bestraft zu werden, bleibt oft bis ins Erwachsenenalter bestehen.

Beispiel: Beziehungen

Viele Bindungsängste entspringen früheren Erfahrungen von Ablehnung, z.B. in der Kindheit. Wer auf diesem Gebiet häufig enttäuscht wurde, kann oft auch als Erwachsener in keiner festen Bindung leben, obwohl es ihm ein großes Bedürfnis wäre. Hier kann die Angst vor Ablehnung und Enttäuschung so hemmend im Vordergrund stehen, dass die Gefahr zu groß erscheint und man sich lieber „bindungsunwillig" zeigt. In dem Fall behauptet man von sich z.B.: „Ich bin und bleibe Single, denn ich bin absolut glücklich damit".

Der größte Angstauslöser, der mit fehlendem Selbstvertrauen einhergeht ist: die Angst, Wertschätzung, Anerkennung und Zugehörigkeit zu verlieren.

Angst vor Ablehnung der Person

Die Angst, von anderen abgelehnt zu werden, zählt zu den häufigsten und stärksten Befürchtungen. Sie entspringt vor allem dem Bedürfnis nach Zugehörigkeit (siehe Abschnitt „Kennen Sie Ihre Bedürfnisse?"). Manche Menschen haben deshalb Angst davor, sich zu verändern, andere, so zu bleiben wie sie sind.

- **Wenn ich mich verändere:** Angst steht häufig dem eigenen Veränderungswunsch im Weg, weil man fürchtet, dass man von anderen abgelehnt wird, sobald man sich anders als gewohnt verhält. Tatsächlich ist es für die Umwelt zunächst irritierend, wenn jemand, der sich z.B. nie auffällig gekleidet hat, plötzlich im neuen Look ankommt. Selbstunsichere ängstigen sich vor der Reaktion auf ihre Veränderung und unterlassen sie aus diesem Grund oft.
- **Wenn ich mich nicht verändere:** Gerade Menschen mit wenig Selbstvertrauen stellen viel an der eigenen Person in Frage. Sie blicken häufig auf andere und finden dort vieles besser. An sich sehen sie hauptsächlich Mängel, innere wie äußere. Sie fürchten, blieben Sie so wie sie sind, wären sie völlig ungenügend. Sie sind deshalb ständig auf der Suche, wie sie sich richtiger oder besser machen können um entsprechend „schön und cool" zu werden. Auch hier steckt der Wunsch nach Zugehörigkeit dahinter, ebenso die Angst

vor Ablehnung, sofern man nicht wie die anderen ist. Neben der Mode- und Kosmetikindustrie lebt die Branche der Schönheitschirurgen sehr gut von dieser Unzufriedenheit mit sich, etwa von unzähligen Brust-, Nasen oder Lippen-OPs. Die Veränderungswünsche können sich im Extrem bis hin zu Süchten steigern, etwa Kaufsucht, Magersucht etc. Selbstvertrauen kann jedoch nur entstehen, wenn es gelingt, sich selbst zu akzeptieren, sich anzunehmen, wie man ist und die erfolglose Jagd nach dem Anders-sein-wollen zu durchbrechen.

Angst vor Versagen

Wer sich vor Misserfolgen fürchtet, neigt häufig dazu, wenig zu unternehmen und kaum etwas zu riskieren. Versagensängste sind in unserer leistungsorientierten Gesellschaft ein weit verbreitetes Phänomen. Die Angst vor Versagen hemmt Kreativität und individuelle Stärken, und wirkt sich damit negativ auf die Leistungsfähigkeit aus.

Handlungslähmung

Durch die Angst traut man sich nichts zu und probiert nichts aus – schon gar nichts Neues. Damit blockiert man von vornherein Erfolge und Veränderung. Man lebt getreu der Haltung: „So schlimm ist meine Lage nicht. Ich habe ja wenige Ansprüche. Lieber nichts ändern und alles so belassen, wie ich es kenne, man weiß ja nie, ob es dadurch nicht schlechter wird." Das ist der Grund, warum Menschen mit wenig Selbstvertrauen oft das Gefühl haben, sie erreichen weniger als andere. In vielen Fällen trifft das auch zu. Mit einer zögerlichen

Einstellung kann man nur schwer Entscheidungen treffen, da jede Entscheidung falsch sein und unangenehme Folgen nach sich ziehen könnte. Man bleibt also im Vermeidungsverhalten stecken – leider ohne auszuprobieren, wie es wäre, würde man seine Talente, Begabungen und Fähigkeiten zum Einsatz bringen. Wer in Passivität verharrt, weil er annimmt, dass etwas schiefgeht, wird genau das Versagen bzw. das Nicht-Vorwärtskommen erleben, vor dem er sich fürchtet. Statt einem selbstbestimmten und mit Erfolg bereicherten Leben, blickt er auf eine Biographie voller Anpassung, Zurückhaltung und geringer Gestaltungsspielräume.

Versagensängste untergraben das Selbstvertrauen dadurch, dass sie die Situationen verhindern, in denen es sich aufbauen ließe.

Perfektionismus

Versagensängste zeigen sich nicht nur in lähmender Starre. Es gibt ein weiteres Anpassungsverhalten.

Perfektionismus

Stellen wir uns jemanden vor, der über die Maßen viel plant und durchdenkt, alles mehrmals überprüft und jede Tätigkeit akribisch vorbereitet. Er könnte als ordnungsliebender Mensch gelten, der Sorgfalt und Struktur schätzt. Jemand also, der von sich und anderen bestmögliche Leistung haben möchte.

In dieser Annahme liegt der Fehler: Perfektionisten *wollen* nicht Ordnung und Gründlichkeit – etwa weil sie sie lieben – nein, sie *brauchen* sie. Sie tun alles, um Fehler zu vermeiden. Dahinter steht nicht selten ihre Angst vor Versagen.

Perfektion ist eine weitere Strategie, z.B. mit der Angst vor Enttäuschung, Ablehnung und Kritik, umzugehen. Auch Perfektionisten mangelt es häufig an Selbstvertrauen. Sie fürchten sich vor Blamage und davor, angreifbar zu werden. Sie können schlecht mit Chaos, Unordnung und intransparenten Situationen umgehen. In der Perfektion findet der Perfektionist die nötige Sicherheit und Kontrolle. Dafür nimmt er viel Stress und Aufwand für Vorbereitung, Kontrolle oder Fehlersuche in Kauf. Er nimmt an: Mache ich alles perfekt, erscheine ich stark und werde unangreifbar. So versucht er, seine Angst vor Kritik und Ablehnung in den Griff zu bekommen. Hinter vielen verbissen erscheinenden Perfektionisten stecken extrem sensible Menschen, die ein großes Bedürfnis nach Anerkennung haben – oft mehr, als man ahnt. Ausgedehnter Perfektionismus führt jedoch oft in einen Teufelskreis: Viele Perfektionisten arbeiten durch ihre Angstgetriebenheit extrem viel. Sie leiden unter Erschöpfungsfolgen oder Burn-Out, ohne jemals die dahinterliegenden Ursachen ihrer Angst erkannt zu haben.

Das Beispiel Perfektionismus macht überdies deutlich, dass wir uns in viele Tretmühlen unbewusst selbst hineinmanövrieren. Zu gern sehen wir die Schuld dafür jedoch in unserer Umwelt und denken: „Ich kann nichts dafür, dass ich so viel arbeiten muss. Mir bleibt ja nichts anderes übrig ... es liegt an den Umständen oder den Anforderungen." Sobald man erkennt, dass man sich aufgrund fehlenden Selbstvertrauens selbst dazu verdonnert, immer perfekt und fehlerfrei sein zu müssen, sieht die Situation anders aus. Erstens muss man sich nicht wundern, wenn man eines Tages vor Erschöpfung in die

Knie geht. Zweitens erkennt man: Aus diesem Teufelskreis kann einem niemand anderer heraushelfen, als man selbst. Hier ist Umdenken und Veränderung von Denkmustern und Sichtweisen angesagt. Aus diesem Grund macht es Sinn, sich mit seinen Ängsten auseinanderzusetzen.

Klären Sie, wovor Sie Angst haben

Der psychischen Gesundheit schadet es enorm, wenn man versucht, die Angst permanent zu vermeiden: Irgendwann muss man ihr ins Auge blicken. Sobald man der Angst mit aktiven Maßnahmen begegnet, wie z.B. logischem Denken oder tatkräftiger Veränderung der Außenwelt, kann man übertriebene Abwehrreaktionen oder Symptombildungen verhindern. Unklare Ängste wirken so lange weiter, bis man sie sich bewusst macht und sinnvoll damit umzugehen lernt. Die Auseinandersetzung mit Selbstunsicherheit sowie Unfähigkeits- und Minderwertigkeitsgefühlen ist sozusagen eine Aufgabe, die uns so lange im Leben begleitet, bis wir sie lösen.

Geschieht dies nicht, treten die Ängste mit allen Begleiterscheinungen immer wieder auf. Man fühlt sich solange geplagt von der Überzeugung, dem Schicksal hilflos ausgeliefert, unbeholfen, unattraktiv usw. zu sein, bis man die dahinterliegende Angst (und das entsprechende Vermeidungsverhalten) durchschaut hat. Deshalb ist es wichtig, den eigenen Ängsten auf die Spur zu kommen.

Leitfaden: So ergründen Sie Ihre Ängste	
1	Wann genau tritt die Angst auf?
2	Wie äußert sich die Angst?
3	Wovor will Ihre Angst Sie schützen?
4	Können Sie zu diesem Schutz selbst etwas beitragen?
5	Ist die Angst immer vorhanden oder gibt es Ausnahmen?
6	Was geschähe, wenn Ihre Angst nicht käme?
7	Was ist in nicht angstbesetzten Situationen anders?
8	Was kann Ihnen in der Angstsituation helfen/hat Ihnen schon einmal geholfen?

Lassen Sie Ängsten nicht den Vortritt

Jeder Mensch hat manchmal Angst, Furcht oder zumindest ein flaues Gefühl in der Magengrube, das ist normal. Bedenken und Ängste sollten aber kein Grund sein, inaktiv zu werden oder ausschließlich zur Angstvermeidung aktiv zu werden. Trotz Herzklopfens und Unruhe sollte man sich bewusst immer wieder an die angstauslösenden Situationen heranwagen und sich sozusagen desensibilisieren, statt stets auszuweichen. Versuchen Sie, trotz Angst aktiv zu bleiben, und tun Sie, was Sie sich vorgenommen haben, auch wenn Sie sich überwinden müssen.

Am wichtigsten dabei ist die Erkenntnis, dass Sie trotz Angst gehandelt haben. Das ist ein Erfolg, der Selbstvertrauen aufbaut: Wer versucht, eine Situation aktiv zu beeinflussen, kann spüren, wie die Angst schwindet. Aktivität ist ein enorm gutes Gegenmittel gegen Angst. Wenn Sie es nicht auf einmal schaffen, die Angst zu überwinden, gehen Sie schrittweise vor. Trauen Sie sich ständig ein wenig mehr zu. Je mehr die Angst schwindet, desto mehr tritt das Selbstvertrauen in den Vordergrund.

Beispiel: Angst überwinden

Frau J. erzählte: „Ich war auf der Suche nach einem Praktikumsplatz und sollte zu einer Hochschulmesse gehen. Die Vorstellung wurde mir aber immer unangenehmer, ich fühlte mich als Bittsteller und wusste nicht, was ich mit den Personalreferenten reden sollte. Ich wollte mich am liebsten davor drücken und nicht hingehen, bis mir meine Freundin sagte: "Solange du nicht lernst, dich für deine Ziele einzusetzen, wirst du nichts erreichen. Du musst klar sagen, was du willst und dich dafür einsetzen, keiner trägt dir eine Stelle hinterher."

Mir war klar, dass sie Recht hatte, überwand mich und bin hingegangen. Ich führte dort einige gute Gespräche und hatte zum Schluss drei Praktikumsstellen, aus denen ich mir eine aussuchen konnte. Stolz war ich auch auf mich, weil ich mich aufgerappelt hatte und dafür wurde ich mit neuem Selbstbewusstsein belohnt.

Auf einen Blick: Wo liegen Ihre Knackpunkte?

- Was wir an uns selbst wahrnehmen, ist oft durch Verzerrung geprägt, indem wir z.B. Informationen einfach ausblenden oder sie negativ bewerten.
- Jeder verfügt über blinde Flecken – Bereiche der Persönlichkeit, die uns selbst nicht bekannt, wohl aber von anderen wahrnehmbar sind.
- Dies sind die Gründe dafür, dass unser Selbstbild oft von dem Bild, das andere von uns haben (Fremdbild) abweicht. Ein Ansatzpunkt für mehr Selbstvertrauen ist es, sich diese Abweichungen bewusst zu machen.
- Selbstunsichere Menschen vergleichen sich oft mit anderen – und schneiden dabei meist schlecht ab, weil die Vergleichsebene nicht stimmt.
- Wer dem Urteil anderer mehr Gewicht beimisst als seinem eigenen, schadet seinem Selbstvertrauen.
- Hemmungen erschweren den Aufbau von Selbstvertrauen: Sie führen oft zu Rückzugsverhalten oder übertriebener Sensibilität.
- Wer seine Ängste erkennt und bewusst an ihnen arbeitet, schafft die Basis, auf der Selbstvertrauen wachsen kann.

Selbst-Coaching-Techniken für Selbstvertrauen

Sie haben nun vielleicht Ihre Knackpunkte entdeckt und können erkennen, was Ihrem Selbstvertrauen bisher geschadet hat. Der nächste Schritt ist jetzt, sich selbst zu helfen, um diese zu überwinden.

In diesem Kapitel lesen Sie, wie Sie

- sich selbst besser kennenlernen,
- mit vermeintlichen Schwächen umgehen und sich von übertriebener Selbstkritik lösen können,
- sich Ziele für Ihre Veränderung setzen,
- im Laufe des Lebens verinnerlichte Gedanken über sich und Ihre Leistungen Schritt für Schritt verändern können.
- körpersprachlich sicherer auftreten,
- den anderen im Gespräch auf Augenhöhe begegnen und Grenzen setzen.

Identität: Wer bin ich?

Identität bezeichnet die Eigentümlichkeit und Unverwechselbarkeit eines Menschen. Sie beschreibt die einzigartigen Merkmale, die uns von anderen unterscheidbar machen. Sie ist eng verknüpft mit unserem Namen und unserem Geschlecht, unserem Beruf und unseren Vorlieben etc. Die Identität ist so etwas wie unser persönlicher Wegweiser, der uns hilft, uns in der Vielzahl der Lebensmöglichkeiten zurechtzufinden.

In diversen Vorlieben kommt zur Geltung, was man Individualität nennt. Dadurch unterscheidet sich ein Mensch in einer sehr persönlichen Weise von anderen. Erkennt ein Mensch sich selbst und seine Möglichkeiten, kann er Lebensziele und Wertvorstellungen ableiten, denen er sich verpflichtet fühlt. Gelingt es ihm, seine Vorstellungen größtenteils zu verwirklichen, kann er daraus schließen, dass er Kontrolle über sich und sein Leben hat. Dies ist wesentlich für den Aufbau des Selbstvertrauens.

Worin sich Identität zeigt

Identität ist dabei kein starres Konstrukt, das ein Leben lang unverändert bleibt. Wir alle haben unsere Identitäten im Laufe des Lebens schon mehrmals gewechselt, z.B. vom Kleinkind zum Schüler, zum Ingenieur oder zur Führungskraft usw. Identität soll und muss sich verändern, um sich an Lebenskontexte anzupassen. Die Identitätsbildung ist somit eine aktive Eigenleistung.

Identitätsbildung zeigt, dass man zwischen seiner persönlichen Identität (seinen individuellen Eigenheiten und Erfahrungen) und seiner sozialen Identität (seinen Rollenerwartungen und -vorgaben) ein Gleichgewicht herstellen kann. An der eigenen Vorstellung von einem guten, stimmigen Leben richtet man, bewusst und unbewusst, seine Werteorientierung und Einstellungen, seine denk- und handlungsleitenden Motive sowie seine Lebensziele aus. Gelingt dies, ist Identität das Kennzeichen einer reifen und gesunden Persönlichkeit. Sie ist geprägt durch ein starkes Gefühl der Verwurzelung, durch Wohlbefinden und Selbstachtung.

Der Ausdruck von Identität zeigt sich z.B. in:

- der Ausgestaltung der individuellen Wohnsituation, Kleidungswahl, Körperpflege, des Wärme- und Schlafbedarfs, der Essensgewohnheiten,
- den Eigenarten, Vorlieben, Fertigkeiten, der Neugierde und Kreativität sowie in den sozialen Beziehungen,
- der Aktivität, dem Erholungs- und Bewegungsbedürfnis,
- dem Lebensstil, der Partnerwahl und Kindererziehung, der Gestaltung des Alterungsprozesses,
- den Vorstellungen von Lust und Genuss, dem Geschmack, den Vorlieben bei Unterhaltung und Hobbys etc.

Selbstreflexion

Früher war es wichtig, vorgefertigte Identitätsvorstellungen zu übernehmen, um das Leben bewältigen zu können. Heute haben wir viel mehr Möglichkeiten und Freiheiten – wir müssen unsere Identität selbst gestalten. Es kommt bei der Bildung von Identität also stärker als früher darauf an, über sich selbst reflektieren zu können.

In der folgenden Übersicht finden Sie Leitfragen, die Ihnen dabei helfen können. Hier gibt es keine guten oder schlechten Antworten, kein Richtig oder Falsch. Sie sollten lediglich darauf achten, dass Sie mit Ihrer (ehrlichen) Antwort selbst zufrieden sind.

Leitfragen an mich: Wer bin ich?

- Welche Besonderheiten (negativ/positiv) habe ich?
- Durch was unterscheide ich mich von anderen?
- Habe ich zu den wesentlichen Dingen meines Daseins eine eigene Meinung und handle ich danach?
- Kenne ich meine Wünsche und Bedürfnisse oder werden sie mir von anderen vorgegeben?
- „Spiele" ich ständig eine Rolle oder zeige ich offen und selbstbewusst mein Wesen?
- Kann ich meine Position in meiner sozialen Umgebung weitestgehend realistisch einschätzen?
- Kann ich anderen mit Respekt und Anerkennung begegnen oder bin ich gefangen in dem Gefühl von Angst oder Neid, weil ich so sein möchte wie sie?
- Wirke ich auf andere so, wie ich bin, oder haben andere oft ein ganz anderes Bild von mir?

- In welchem Ausmaß folge ich meinem Lebenstraum und in welchem Umfang empfinde ich mich als Gefangenen meiner sozialen Verpflichtungen?
- Strebe ich nach dem Besten für mich und andere?
- Bei wem und in welchem Umfang mache ich ggf. davon Abstriche?
- Bin ich mir bewusst, welchen Preis ich für meine derzeitige Lebenssituation bezahle?
- Bin ich vorbehaltlos bereit, diesen Preis zu zahlen?
- Tausche ich mich regelmäßig mit guten Freunden/kompetenten Beratern aus?
- Bekomme ich ehrliches Feedback?
- Hole ich dieses aktiv ein?
- Nehme ich mir Zeit, um allein zu sein und nachzudenken?
- Kann ich mit Freunden/Partnern Erfolge teilen? Freuen sie sich mit mir?
- Habe ich die gleiche Distanz zu persönlichen Erfolgen wie zu Misserfolgen?
- Was hindert mich, eine (ggf. schon lange) geplante Veränderung einzuleiten?

Widersprüche auflösen

Bei der Betrachtung der Identität können Diskrepanzen auffallen zwischen dem, wie ich mich wahrnehme, und dem, wie ich sein möchte. Ziel sollte es sein, die momentane Lebenssituation der Vorstellung der eigenen Ideal-Identität anzunähern. Das ist jedoch ein immerwährender, lebenslanger Prozess. Und: Man kann ihn ausschließlich selbst steuern und gestalten.

> Wer weiß, wie er leben will, und wer sich um die Umsetzung dieses Zieles bemüht, gelangt zu einer befriedigenden, individuellen Lebensführung. Das verleiht Selbstvertrauen und Stärke.

Sich selbst akzeptieren

Viele Menschen, die darunter leiden, dass sie zu wenig Selbstvertrauen besitzen, sind stark nach außen fokussiert, auf andere Menschen. Häufig vergleichen sie sich und kommen bei ihrer Betrachtung schlechter weg als andere. Da Sie jedoch ein einzigartiger Mensch sind, sind Sie unvergleichbar. Aus diesem Grund können Sie auch nicht „schlechter" sein als andere. Die Aufgabe besteht vielmehr darin zu lernen, sich anzunehmen.

Schwächen als Stärken sehen

Selbst die Schwächen, die Sie an sich wahrnehmen, haben wie jede Medaille zwei Seiten. Neben der von Ihnen kritisierten gibt es immer auch eine gute Seite dieser vermeintlichen Schwäche.

Beispiel: Gefühle als Schwäche?

Herr K., Führungskraft im Coaching: „Das Problem ist, dass ich so extrem sensibel und sentimental bin. Das ist meine Schwachstelle, die mir große Nachteile bringt. Neulich unterrichtete ich eine Mitarbeiterin vom Auslaufen ihres Arbeitsvertrags, die daraufhin in Tränen ausbrach. In solchen Situationen muss ich mit mir kämpfen, dass ich es schaffe, meine feuchten Augen zu verbergen. Mir ist das peinlich – ich finde diese Gefühlsduselei unmöglich in meiner Position und halte mich für schwach."

Die positive Seite an genannter Schwäche ist die Empathie, das Mitfühlen, das emotionale Erfassen der Situation. Menschen mit diesen Fähigkeiten sind wichtig und werden in jedem Team benötigt. Gleiches gilt z.B. für Menschen, die wenig an allgemeinen Gesprächen teilnehmen und dies als Schwäche auffassen. Dafür sind sie Meister des Beobachtens und Zuhörens. Sie bekommen dadurch viel mehr mit als der Rest der Gruppe.

Angemessene Selbstkritik

Dass Dinge so laufen, wie wir sie haben wollen, ist ein frommer Wunsch. Wer sich allein darauf konzentriert, dass alles nach Plan läuft, wird feststellen, dass dies oft nicht so ist. Scheitert ein Plan, schreiben sich unsichere und selbstkritische Menschen oft unreflektiert die Schuld für das Scheitern zu. Auch wenn sie selbst die Dinge bestmöglich vorbereitet und alles in ihrer Macht Stehende getan haben, sind sie von ihrem Versagen überzeugt. Das ist eine perfekte Technik, das Selbstvertrauen zu untergraben. Laufen Dinge nicht so, wie sie sollen, kann es tausenderlei Gründe dafür geben. Für manche sind Sie verantwortlich, für andere möglicherweise nicht. Überlegen Sie deshalb klar, bevor Sie sich kritisieren:

- Für welche Reaktionen/Ereignisse müssen Sie tatsächlich selbst die Verantwortung übernehmen?
- Für welche nicht?
- Wofür müssen Sie den Kopf hinhalten und was stand klar außerhalb Ihres Einflussbereichs?

Halten Sie die diversen Gründe eines Misserfolgs, auch wenn sie zusammenhängend erscheinen, konsequent auseinander: Wo haben Sie selbst etwas vermasselt und wo waren Umstände am Scheitern beteiligt wie z.B. Poststreik, Stromausfall, Terminuntreue anderer, Vulkanausbruch etc., die von Ihnen unbeeinflussbar waren?

Streichen Sie zunächst einmal alle abwertenden Tiraden aus Ihrem Wortschatz, wie: „Mal wieder typisch für mich ... Ich bin dermaßen blöd ... Ich bin der geborene Versager." Halten Sie sich vor Augen, dass Sie alles getan haben, was Ihnen gut und richtig erschien. Das allein verdient Respekt, auch wenn es am Ende nicht zu einem guten Ergebnis geführt hat. Vernichten Sie Ihr Selbstvertrauen nicht, indem Sie sich durch überzogene oder globale Selbstkritik nieder machen. Selbstverständlich muss man Ursachen von Fehlern betrachten und aus ihnen lernen. Aber allzu harsche Selbstkritik, mit der wir uns lediglich frustrieren, schadet dem Selbstvertrauen, der Lebensfreude und der Motivation.

> Bedenken Sie: Meistens gehen wir mit uns selbst viel härter ins Gericht, als wir es mit anderen Menschen je tun würden.

Realistisch und eigenverantwortlich

Wenn Sie sich bemühen, Ihre Stärken und Schwächen in Ihr Leben zu integrieren, tragen Sie zum individuellen Identitätsaufbau bei. Blenden Sie nichts aus und verstecken Sie nichts. Nehmen Sie sich in Ihrer Einzigartigkeit an. Bemühen Sie sich darum, Ihre Fähigkeiten und Möglichkeiten möglichst realistisch zu erkennen. Sie werden staunen: Sobald Sie aufhören, sich ausschließlich klein und madig zu machen, werden Sie stärker als Sie glauben.

Machen Sie sich zudem klar, dass Sie ein eigenverantwortlicher Mensch sind. Mit allen Rechten und Pflichten. Warten Sie nicht darauf, dass Ihnen jemand sagt, wo es lang geht, was Sie tun oder wie Sie entscheiden sollen. Sie als Person haben ein Recht auf eine unabhängige und freie Existenz, losgelöst von Erwartungen anderer. Gleichzeitig haben Sie die Pflicht, in Eigenverantwortung zu gehen. Beenden Sie die Suche nach jemandem, der Sie führt, übernehmen Sie Ihre Lebensgestaltung selbst und gehen Sie im Vertrauen auf Ihre Ressourcen Ihren eigenen Weg.

Ziele setzen: Was will ich?

Wichtig ist, dass Ihnen klar ist, wohin Sie wollen, sonst werden Sie zum Getriebenen, der am Ende irgendwo oder nirgendwo landet. Wenn Sie Ihre Ziele kennen, können Sie an deren Erreichung arbeiten – und den Erfolg genießen, wenn Sie es geschafft haben. Sich Ziele zu setzen, ist somit eine wesentliche Voraussetzung zum Aufbau von Selbstvertrauen.

Gehen Sie nicht davon aus, dass Ihr Umfeld weiß, was Sie wollen und brauchen und in diesem Sinne für Sie sorgt: Nur im Märchen werden Wünsche von den Augen abgelesen.

Möglicherweise stellen Sie fest, dass Sie in Ihrer derzeitigen Lebenssituation keine stimmige Identität aufbauen können. Auch ist es nicht selbstverständlich, dass man in Abhängigkeit von Familie, Arbeitsplatz, Freundeskreis etc. die Bedingungen vorfindet, die man für den Aufbau seines individuellen Lebenskonzepts braucht.

Beispiel: Bilanz ziehen

Herr U.: „Ich bin übers Wochenende alleine weggefahren, um nachzudenken. Meine Situation, familiär, privat und arbeitstechnisch erdrückt mich fast. Mir ist aufgefallen, dass ich die letzten drei Jahre lediglich „durchgehalten" habe, anstatt zu leben. Die körperlichen Beschwerden wie Schlaflosigkeit und Herzrasen machen mich fertig, mir ist klar geworden, dass ich etwas verändern muss. Das werde ich jetzt tun, und zwar solange, bis es mir gut geht und ich mir mal wieder sagen kann: Das Leben ist nicht nur Kampf, sondern auch schön."

Machen Sie sich Gedanken darüber, ob Sie in Ihrem Lebensumfeld (noch) so sein können, wie Sie sein möchten und ob die Ausrichtung grundsätzlich stimmt. Wenn die Gegebenheiten zu Ihren Vorstellungen ständig konträr laufen, verlieren Sie enorm viel Energie damit, eine ungute Situation aufrecht zu erhalten. Sie haben dabei aber keine Chance, genügend für sich zurückzubekommen und glücklich zu werden. Wenn Sie dieses Gefühl haben, wird es Zeit für Veränderung. Verharren Sie nicht länger in Umständen, die Sie über die Maßen belasten.

Blicken Sie bei Ihrer Neuausrichtung gezielt auf die Bereiche, die *Sie* verändern können. Stellen Sie sich dazu folgende Fragen:

- Passen die Bedingungen innerhalb Ihres Umfelds (noch)?
- Welche Bedingungen passen/welche nicht?
- Welche wollen oder müssen Sie ändern?
- Was davon lässt sich rasch, was langfristig verändern?
- Wie können Sie Veränderung schrittweise gestalten?
- Welche (Teil-)Ziele müssen Sie dafür festlegen?

Die folgende Checkliste enthält Denkanstöße, welche Ihnen beim Reflektieren helfen können. Sie selbst wissen am besten, woran Sie arbeiten wollen und müssen. Überlegen Sie, welcher Bereich in Ihrem Leben gut läuft und nicht verändert werden soll und welchen Sie verbessern möchten. Stellen Sie bewusst sich allein in den Fokus der Betrachtung. Vertrauen Sie sich und darauf, dass Sie alles besitzen, was Sie benötigen, um Ihre Vorstellungen von einem glücklichen Leben zu realisieren.

Checkliste: Selbst-bewusste Veränderungsarbeit

- Können Sie Ihre Werte und Überzeugungen im Alltag leben? In welchen Bereichen handeln Sie ihnen zuwider?
- Was war schon immer Ihr Lebenstraum?
- Tun Sie das, was Sie tun möchten? Oder tun Sie das, wovon Sie annehmen, Ihr Umfeld würde es erwarten?
- Akzeptieren Sie Vorstellungen, die andere Menschen vom Leben haben?
- Welche Zugehörigkeiten und Menschen sind Ihnen wichtig, welche nicht (mehr)?
- Welchen Preis müssten Sie zahlen, würden Sie alte Verbindungen aufgeben?
- Was bekämen Sie stattdessen?
- Können Sie akzeptieren, dass Sie weder ein perfekter noch ein minderwertiger Mensch sind – nicht besser, aber auch nicht schlechter als andere?
- Handeln Sie und halten Sie an Ihren Zielen fest – trotz Unbehagens oder wenn Sie sich überwinden müssen?
- Was stellt das Belastendste in Ihrer derzeitigen Situation dar? Verändern Sie dies zuerst.
- Wobei brauchen Sie Unterstützung und Hilfe? Wo können Sie diese finden?
- Vertrauen Sie Ihren Fähigkeiten und Kenntnissen? Ihr Wissen und Ihre Lebenserfahrung nehmen stetig zu, Sie werden täglich besser.

Lernen zu akzeptieren

Oft lästert man, macht sich über andere lustig, verurteilt vorschnell, ohne Hintergründe zu kennen. Wer schlecht über andere denkt, zieht oft den Schluss, andere denken ebenso schlecht über ihn. Und wer über andere herzieht, geht davon aus, dass es die anderen genauso machen. Diese Gedanken verunsichern.

Wer hingegen die grundsätzliche Einstellung hat, dass man selbst und die anderen in Ordnung sind, geht achtsamer mit sich und den anderen um. Für das eigene Selbstbewusstsein ist es äußerst wohltuend, wenn wir sowohl uns als auch andere Menschen in ihren Eigenheiten akzeptieren, wenn wir jedem vorerst positiv entgegentreten und ihn wohlwollend betrachten. Das ist leichter zu schaffen, wenn man die Haltung einnimmt: „Jeder Mensch handelt stets in der ihm bestmöglichen Art und Weise."

Den inneren Kritiker bannen

Die amerikanischen Psychologen Hal und Sidra Stone haben den Begriff des „inneren Kritikers" geprägt. Innere Kritiker untergraben das Selbstvertrauen, indem sie uns mit übertrieben selbstkritischen Gedanken oder vorwurfsvollen Monologen mutlos machen. Resignation zu verbreiten, ist die Spezialität des Kritikers. Die Stimme und die Sätze des inneren Kritikers kennen wir meist gut – häufig noch aus unserer Kindheit.

Der innere Kritiker

- beschimpft uns,
- vergleicht uns mit anderen und lässt uns dabei schlecht abschneiden,

- sagt, dass mit uns etwas nicht stimmt, hält uns jeden kleinsten Fehler unter die Nase,
- hat ein Langzeitgedächtnis für Situationen, in denen wir uns blamiert haben,
- macht uns Schuldgefühle, weil wir z.B. eine schlechte Mutter/Ehefrau, ein schlechter Freund, Mitarbeiter etc. sind,
- entmutigt uns und macht uns Angst, indem er uns vor Augen führt, was schiefgehen kann,
- verurteilt uns, weil wir nicht gut genug aussehen, zu viel wiegen oder einen körperlichen Mangel haben,
- weckt uns gern nachts auf, um uns auf Fehler hinzuweisen und diese aufzubauschen,
- untergräbt die Zuversicht und unser Selbstwertgefühl.

Beispiele: Stimmen des Kritikers

Selbstkritik: „Hättest du das doch nur anders gemacht. Immer stellst du dich so dumm an. Wie kann man nur so dämlich sein?"

Wertungen: „Du bist ein Versager. Du kannst das sowieso nicht. Du taugst zu nichts."

Pessimistische Vorhersagen: „Das wird bestimmt schiefgehen. Das schaffst du niemals."

Die Art und Weise, wie wir über uns denken oder mit uns selbst kommunizieren, hat großen Einfluss auf unser seelisches Befinden. Bissige, entmutigende Kommentare oder überzogene Kritik machen das mühevoll aufgebaute Selbstvertrauen zunichte, deshalb sollten wir den inneren Kritiker im Auge behalten und ab und zu in seine Schranken weisen.

Was sagt Ihr innerer Kritiker?

Finden Sie heraus, was Ihr innerer Kritiker so von sich gibt. Beobachten Sie sich aufmerksam z. B. in Situationen, in denen Sie etwas Ungewohntes vorhaben oder etwas Neues ausprobieren wollen. Achten Sie darauf, was Ihnen dabei durch den Kopf geht:

- Welche Aktionen Ihres Kritikers fallen Ihnen auf?
- Was sagt er und an wen erinnert er Sie?
- Was würden Sie sofort anpacken, wenn Ihr innerer Kritiker schweigen und Sie nicht demotivieren würde?

So behandeln Sie den inneren Kritiker

Unterbrechen Sie das von Ihrem inneren Kritiker ausgelöste Gedankenkarussell. Setzen Sie sich nicht passiv den Vorwürfen aus, sondern analysieren Sie, ob etwas dran sein könnte.

Leitfaden: Eine ergebnisoffene Haltung erreichen

1. Machen Sie sich bewusst, wer zu Ihnen spricht. Stellen Sie fest, dass die Sätze aus Ihrer Kindheit stammen, vielleicht von den Eltern, vergegenwärtigen Sie sich Ihr Lebensalter und kommen Sie wieder in der Gegenwart an.
2. Berichten Sie dem inneren Kritiker von Ihren Stärken. Erklären Sie ihm, dass Sie aufgrund Ihrer Fähigkeiten gut selbst auf sich achten können.
3. Danken Sie Ihrem Kritiker für seine Aktivität und bitten Sie ihn ab jetzt um mehr Zurückhaltung.
4. Vereinbaren Sie mit Ihrem inneren Kritiker Zeiten in denen er Rederecht hat und welche, zu denen er schweigen muss (z. B. nachts).
5. Vereinbaren Sie mit ihm eine Fehler-Toleranzgrenze. Liegen schwere Fehler vor, darf er sich melden, sind die Fehler gering und unbedeutend – muss er schweigen.
6. Sollten Sie die Stimme nicht abstellen können, lenken Sie sich bewusst ab und bringen Sie sich auf andere Gedanken: Fokussieren Sie Ihre Aufmerksamkeit auf Dinge, die Ihnen an diesem Tag gut gelungen sind.
7. Vereinbaren Sie mit Ihrem inneren Kritiker, dass Sie in bestimmten Situationen wagen, riskieren und ausprobieren dürfen, ohne dass er dazwischenfunkt.

Die inneren Antreiber erkennen

Die inneren Antreiber sind Verwandte des Inneren Kritikers. Sie kritisieren nicht, doch sie sind dominante Instanzen in uns, die uns, wie der Name schon sagt, antreiben. Innere Antreiber weisen auf fünf grundlegende elterliche Forderungen hin, welche in unterschiedlicher Weise und Ausprägung unbewusst in jedem Menschen wirken. Innere Antreiber sind so etwas wie verinnerlichte Lebensregeln. Sie sagen uns, wie wir etwas tun oder wie wir sein sollen und sie beeinflussen stark unser Denken, Fühlen und Verhalten. Die Antreiber resultieren aus den Erfahrungen unserer Kindheit und Jugend und stammen von Eltern, Verwandten oder nahen Bekannten. Von den Eltern wurden sie durchaus wohlwollend und aus nachvollziehbaren Gründen vermittelt: Sie wollten erreichen, dass ihr Kind im Leben klarkommt.

Die fünf Antreiber

Antreiber	Dahinterliegende Primärziele
Sei liebenswürdig. Mach es allen recht. Gefalle den anderen.	Zuwendung bekommen und Ablehnung vermeiden.
Sei immer perfekt. Mach keine Fehler.	Sich Respekt verschaffen durch Kontrolle über Dinge und Menschen.

Antreiber	Dahinterliegende Primärziele
Sei stark. Beiß die Zähne zusammen. Zeig keine Gefühle.	Sicherheit erhöhen, Verletzlichkeit und Abhängigkeit vermeiden.
Mach schnell. Beeil dich. Schau immer vorwärts.	Sich Bedürfnisse erfüllen, Entbehrungen vermeiden.
Streng dich an. Mühe dich bis zum Letzten ab.	Lob und Anerkennung als Belohnung für die Bewältigung schwieriger Aufgaben.

Obwohl wir sie in der ursprünglichen Form nicht mehr brauchen, wirken Antreiber oft stark ins Erwachsenenleben hinein. Meist haben wir sie derart verinnerlicht, dass sie uns nicht bewusst sind. Darin liegt die Schwierigkeit im Umgang mit den inneren Antreibern: Sie wirken sozusagen aus dem unbewussten Off heraus, wodurch wir sie nur schwer hinterfragen oder abstellen können. Sie können deshalb erbarmungslos das Selbstvertrauen angreifen, sobald wir von ihnen abweichen.

Test: Innere Antreiber herausfinden

Innere Antreiber werden wir nie ganz los, man kann sie sich aber bewusstmachen und in Grenzen halten. Der folgende Test kann Ihnen dabei helfen. Vergeben Sie bitte pro Aussage 1 bis 5 Punkte: 1 Punkt für „trifft gar nicht auf mich zu" und stufenweise bis zu 5 Punkte für „trifft völlig auf mich zu".

Aussagen	Punkte	
▪ Wenn ich eine Arbeit mache, dann mache ich Sie gründlich.		A
▪ Ich fühle mich verantwortlich dafür, dass diejenigen, die mit mir zu tun haben, sich wohlfühlen.		D
▪ Ich bin immer auf Trab.		B
▪ Ich vermeide es, anderen gegenüber meine Schwächen zu zeigen.		E
▪ Nichtstun kann ich nicht aushalten.		C
▪ Häufig verwende ich Sätze wie: „Es ist schwierig, das so genau zu sagen."		C
▪ Ich sage oft mehr, als nötig wäre.		D
▪ Ich habe Mühe damit, Leute zu akzeptieren, die nicht genau sind.		A
▪ Es fällt mir schwer, Gefühle zu äußern.		E
▪ „Nur nicht locker lassen", heißt mein Motto.		C
▪ Wenn ich meine Meinung äußere, begründe ich sie auch.		A
▪ Wenn ich einen Wunsch habe, erfülle ich ihn mir schnell.		B
▪ Ich liefere meine Arbeit erst ab, wenn ich sie mehrmals überarbeitet habe.		A
▪ Wenn Leute trödeln, regt mich das auf.		B

Aussagen	Punkte	
▪ Es ist mir wichtig, akzeptiert zu werden.		D
▪ Ich habe eine harte Schale um einen weichen Kern.		E
▪ Ich versuche herauszufinden, was andere von mir erwarten, um mich danach zu richten.		D
▪ Leute, die unbekümmert vor sich hin leben, kann ich nicht verstehen.		C
▪ Bei Diskussionen unterbreche ich andere oft.		B
▪ Ich löse meine Probleme selber.		E
▪ Aufgaben erledige ich möglichst rasch.		B
▪ Im Umgang mit anderen bin ich auf Distanz bedacht.		E
▪ Ich sollte viele Aufgaben besser erledigen.		A
▪ Ich kümmere mich oft um nebensächliche Dinge.		A
▪ Erfolge fallen nicht vom Himmel, ich muss sie hart erarbeiten.		C
▪ Für Fehler habe ich kein Verständnis.		E
▪ Ich schätze es, wenn andere auf meine Fragen rasch und klar antworten.		B
▪ Es ist mir wichtig, von den anderen zu erfahren, ob ich etwas gut gemacht habe.		D

Aussagen	Punkte	
▪ Wenn ich eine Aufgabe einmal begonnen habe, führe ich sie zu Ende.		C
▪ Ich stelle meine Wünsche oft zugunsten der Bedürfnisse anderer Personen zurück.		D
▪ Ich bin anderen gegenüber oft hart, um nicht von ihnen verletzt zu werden.		E
▪ Ich trommle oft ungeduldig mit den Fingern auf den Tisch.		B
▪ Beim Erklären von Sachverhalten verwende ich gerne Aufzählungen wie erstens, zweitens, drittens ...		A
▪ Ich glaube, dass die meisten Dinge nicht so einfach sind, wie viele glauben.		C
▪ Es ist mir unangenehm, andere Leute zu kritisieren.		D
▪ Bei Diskussionen nicke ich häufig mit dem Kopf.		D
▪ Ich strenge mich an, meine Ziele zu erreichen.		C
▪ Mein Gesichtsausdruck ist eher ernst.		A
▪ Ich bin häufig nervös.		B
▪ So schnell kann mich nichts erschüttern.		E
▪ Meine Probleme gehen die anderen nichts an.		E

Aussagen	Punkte	
▪ Ich sage oft: „Mach weiter" oder „zack, zack".		B
▪ Ich sage oft: „genau", „exakt", „klar", „logisch".		A
▪ Ich sage oft: „Das verstehe ich nicht".		C
▪ Ich sage häufig: „Könnten Sie es nicht einmal versuchen?" statt „Versuchen Sie es bitte".		D
▪ Ich bin diplomatisch.		D
▪ Ich versuche, die an mich gestellten Erwartungen zu übertreffen.		A
▪ Beim Telefonieren bearbeite ich z.B. gleichzeitig Mails oder Akten.		B
▪ „Zähne zusammenbeißen", heißt meine Devise.		E
▪ Trotz enormer Anstrengung will mir vieles einfach nicht gelingen.		C

Auswertung

Addieren Sie nun bitte jeweils die Punkte, die Sie allen Aussagen mit einem A gegeben haben, dann die Punktzahlen der B-Aussagen usw. Der oder die Antreiber mit den höchsten Zahlenwerten sind Ihre Hauptantreiber.

	Summen	Antreiber
A		Sei perfekt.
B		Mach schnell.
C		Streng dich an.
D		Mach es allen recht.
E		Sei stark.

Mit Hilfe der folgenden Checkliste können Sie Ihre Antreiber hinterfragen und entschärfen.

Checkliste: Entschärfen von inneren Antreibern

- Inwieweit ist Ihr Antreiber heute noch gerechtfertigt?
- Was würde passieren, wenn Sie Ihren Antreiber verstärken würden?
- Was würde geschehen, wenn Sie Ihren Antreiber in sämtlichen Situationen ernst nehmen würden?
- Wie würde es sich auswirken, wenn Sie Ihren Antreiber weniger ernst nehmen würden?
- Welche Vor- und Nachteile bringt Ihnen die konsequente Befolgung Ihres Antreibers heute noch?

Körpersprache: Selbstsicher auftreten

Körpersprache ist die älteste Sprache überhaupt. Sie ist bei Mensch und Tier gleichermaßen ein wichtiges Kommunikationsmittel. Im Tierreich ist sie beim Balzen und Werben, bei Revierkämpfen oder als Rivalitätsverhalten zu beobachten und auch wir Menschen drücken allein über unsere Körpersprache viel aus – bewusst und unbewusst. Körpersprache ist stark instinktgesteuert, teilweise angeboren und sie ist ein hoch automatisiertes, überwiegend reaktives Verhalten. Hebt z.B. jemand schnell die Hand, löst dies in der Regel beim Gegenüber automatisch eine Schutzgeste aus. Ängstigt sich jemand, nimmt seine Körperspannung zu, ohne dass er darüber nachdenkt. Über dieses instinktiv-unbewusste Verhalten haben wir kaum Kontrolle.

Körpersprache verändern

Man kann jedoch auch bewusst die Haltung verändern und eine Körperhaltung annehmen, die Stärke demonstriert. Das lässt sich in gewissem Maße trainieren. Man kennt dies aus Selbstverteidigungskursen, in denen man lernt, in bedrohlichen Situationen nicht in instinktives Angst- oder Opferverhalten zu verfallen. Stattdessen übt man seinerseits Drohgebärden und lernt, sich durch Selbstbewusstsein „groß zu machen".

Macht man sich gedanklich im Kopf „klein", kommuniziert dies der Körper sofort. Eingeknickte Hüften, ein schiefer Kopf, oder versteckte Hände zeigen unbewusst ein unterwürfiges Verhalten. Schutzhaltungen wie verschränkte Arme oder verschlungene Beine tragen dazu bei, dass nach außen hin unsicher wirkt.

Wir wissen heute, dass Körpersprache einerseits Ausdruck unseres Befindens ist, wir aber andererseits über bewusst selbstsichere Körperhaltung Einfluss auf unsere Stimmung nehmen können. Probieren Sie es aus: Sobald Sie niedergeschlagen sind und bemerken, dass Sie mit hängenden Schultern und gebeugtem Rücken dasitzen, richten Sie sich bewusst auf, ziehen Sie Ihre Schultern nach hinten und halten Sie sich aufrecht. Sie werden spüren, dass sich unmittelbar Spannung, Energie einstellen. Selbst ein über einige Minuten künstlich herbeigeführtes Lächeln führt dazu, dass der Körper entsprechende Hormone ausschüttet, welche die Stimmung aufhellen. Nutzen Sie solche Zusammenhänge bewusst aus.

Hilfreich ist es, folgendes Verhalten im Alltag zu trainieren:

- aktiven Blickkontakt mit dem oder den Gesprächspartner(n) suchen und halten,
- sicheren, festen Stand (mit beiden Fußsohlen auf dem Boden) bzw. lockere, flächige Sitzposition,
- aufrechte, gerade Körper- und Kopfhaltung.

> Selbstbewusstes Auftreten lässt sich trainieren. Allerdings muss man bereit sein zu üben. Doch es lohnt sich. Sie werden von Ihrem Umfeld als stärker wahrgenommen – das wiederum wirkt sich positiv auf Ihr Selbstwertgefühl aus.

Stimme und Sprechen

Auch durch die Stimme machen wir uns ein Bild von einer Person. Spricht sie sehr leise, nuschelnd oder schrill, interpretieren wir das als Unsicherheit oder Nervosität. Tiefe, volle Stimmen nehmen wir als kompetent und sicher wahr. Damit

Ihre Stimme gut zum Schwingen kommt, achten Sie deshalb besonders auf:

- fließenden Atem (versuchen Sie, nicht die Luft anzuhalten),
- lockeren Oberkörper und lockere Schultern,
- aufrechte Kopf- und Körperhaltung,
- gerade Schultern und aufgerichtete Wirbelsäule,
- tiefe Bauchatmung,
- lautes und deutliches Sprechen,
- eine Sprechgeschwindigkeit, die Ihnen selbst zu langsam erscheint,
- kurze, unkomplizierte Sätze.

Üben Sie häufig, vor anderen Menschen zu sprechen, auch wenn es anfänglich schwerfällt. Je öfter Sie dies tun, desto leichter wird es Ihnen mit der Zeit fallen.

Körpermerkmale und Aussehen verändern

Zu groß, zu schmal, die Haut schlecht, die Nase zu groß – kaum jemand, der nicht mit irgendeinem körperlichen Merkmal hadern würde. Sicher macht gutes Aussehen manches leichter, eine Gewähr für großes Selbstvertrauen ist es nicht. Es gibt körperliche Eigenheiten, die einem nicht gefallen und solche, unter denen man leidet. Wenn Ihnen körperliche Auffälligkeiten zu schaffen machen, dann unternehmen Sie etwas dagegen. Nicht alle, aber manche Merkmale lassen sich verändern. Es ist hier ausdrücklich nicht von Schönheitswahn oder -idealen die Rede, sondern von der Beseitigung hemmender Faktoren.

Ändern, was zu ändern ist

Veränder- und korrigierbare, körperliche Besonderheiten sind beispielsweise Zahnschiefstellungen oder schlechte Zähne, in gewissem Maße Figur und Gewicht, abstehende Ohren, extrem schlechte Haut etc. In vielen Fällen gibt es Möglichkeiten zur Verbesserung: Angefangen von Ernährungsumstellung über Sport, Bewegung, Beratung oder entsprechende Therapien. Veränderungen sollten dann in Betracht gezogen werden, wenn man sich unwohl fühlt, Leidensdruck entsteht und man sich im öffentlichen Auftreten gehemmt fühlt.

Verändern Sie Ihr Outfit

Auch in Kleidungsfragen oder bei der Frisur lässt sich häufig viel verändern, ohne allzu großen Aufwand. Entscheidend ist nicht, welche Kleidung Sie tragen, welche Figur Sie haben oder welche Frisur – entscheidend ist, ob Sie sich damit wohlfühlen oder nicht. Tragen Sie Kleidung, in der Sie sich wohl, sicher und schön fühlen oder unpassend, eingeengt und unattraktiv? Es gibt für jede Figur die passende Kleidung, das ist nicht vorrangig eine Frage des Budgets. Wenn Sie nicht wissen, was Ihnen steht, dann lassen Sie sich beraten. Das Gleiche gilt für Frisur- oder Make-up-Fragen. Eine pfiffige Frisur, die den Typ unterstreicht wirkt positiver und gepflegter als eine herausgewachsene Dauerwelle.

Wenn Sie feststellen, dass Ihnen etwas, das veränderbar ist, nicht mehr gefällt, dann ändern Sie es. Melden Sie sich z.B. beim Sportverein oder für einen Yogakurs an, machen Sie eine Farb- und Typberatung, gehen Sie Walken etc. Alles, was Ihnen gut tut, bewirkt ein positiveres Körpergefühl, und allein dadurch fühlen Sie sich bereits bedeutend wohler und attraktiver.

Wohlfühlen – auch ohne Veränderung

Manchmal ist eine Veränderung nicht möglich, man muss O-Beine, schütteres Haar oder breite Hüften hinnehmen und sich damit abfinden. Nehmen Sie sich an, wie Sie sind, tun Sie jedoch alles, um Ihr Wohlbefinden zu steigern. Wohlfühlen trägt enorm zu Sicherheit und Selbstvertrauen bei. Halten Sie sich jedoch immer vor Augen: Gesundes Selbstvertrauen basiert auf inneren Faktoren und der Haltung in Ihrem Kopf – nicht auf äußerlichen Merkmalen.

Selbstbewusst kommunizieren

Trainieren Sie Ihre kommunikativen Fähigkeiten, damit Ihr Selbstvertrauen wächst: Führen Sie lockeren Small Talk, machen Sie ein Kompliment, tauschen Sie sich aus – aber stets auf Augenhöhe mit Ihrem Gesprächspartner.

Augenhöhe als Gesprächsbasis

Das Gegenüber als gleichwertigen Partner ernst zu nehmen, egal in welchem Verhältnis er zu einem steht, ist stärkend für beide Seiten. Mit dieser Haltung entsteht gewaltfreie sowie vertrauensvolle Kommunikation. Manche Menschen versuchen, andere einzuschüchtern, Macht auszuüben und sich dadurch in eine stärkere Position zu bringen. Sie stellen sich über andere und machen sich „größer". Unsichere machen sich oft selbst „kleiner" als nötig. Langfristig blockiert jede unausgewogene Beziehung jedoch gute soziale Kontakte. Kommunikation beider Partner auf Augenhöhe ist also von beiderseitigem Nutzen.

Die unterschiedlichen Haltungen und Positionen in Kommunikationssituationen sind in der folgenden Grafik zu sehen: Versuchen Sie, eine partnerschaftliche, ausgeglichene Kommunikationsbasis mit anderen Menschen zu finden. Lassen Sie sich aber Ihrerseits auch nicht unterdrücken. Fordern Sie Respekt und Wertschätzung ein, sobald Sie das Gefühl haben, jemand spricht mit Ihnen von oben herab. Machen Sie sich nicht freiwillig „kleiner" als Ihr Gegenüber, das schadet Ihrem Selbstvertrauen.

Situationen des Typs „Recht durchsetzen":

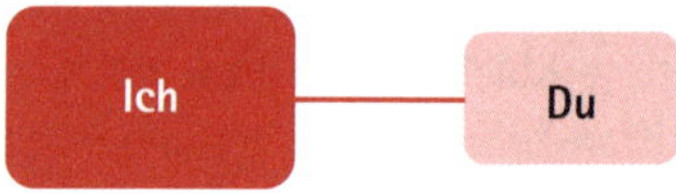

Situationen des Typs „um Sympathie werben":

Situationen des Typs „partnerschaftliche Beziehung":

Haltungen in Kommunikationssituationen

Zielführende Kommunikation braucht Augenhöhe. Sie haben das Recht, eine faire, gleichberechtigte Gesprächsebene einzufordern.

Klare Botschaften

Mit klaren Botschaften sagen Sie ganz eindeutig, was Sie wollen, tun werden oder verstanden haben. Sie werden dadurch für andere Personen zu einem transparenten, starken und eindeutigen Kommunikationspartner. Je klarer Ihre Kommunikation ist, desto selbst-bewusster werden Ihre Aussagen sein.

Leitfaden: Klare Botschaften

- Sprechen Sie für sich, indem Sie Wörter benutzen wie: „ich", „mich", „mir" usw. Verstecken Sie sich nicht hinter einem neutralen „man".
- Teilen Sie Ihre Gedanken Beurteilungen und Überzeugungen mit: „Mir gefällt ...", „Mich enttäuscht ..." etc.
- Teilen Sie Ihre Gefühle mit: „Ich freue mich über ...", „Mich beunruhigt, dass ..." etc.
- Drücken Sie Ihre Absichten klar aus – so verhindern Sie, dass andere Vermutungen anstellen müssen und Ihre Aussagen interpretieren: „Ich entscheide mich für ...", „Ich will ..." etc.
- Vermeiden Sie unkonkrete Formen der Kommunikation, also Wörter und Wendungen wie „vielleicht", „ich könnte", „eigentlich wollte ich", „man sollte" etc.
- Sprechen Sie deutlich aus, was Sie getan haben oder tun werden: „Ich habe ...", „Ich werde ..." etc.

Durch diese Art der Kommunikation wird das Selbstvertrauen enorm gestärkt: Wer unmissverständlich seine Haltung ausdrückt, festigt seine Persönlichkeit. Diese Stärke wird von anderen wahrgenommen und baut das Selbstbewusstsein auf.

Ich- und Du-Botschaften

Gerade schüchterne Menschen vermeiden Ich-Botschaften. Sie befürchten, als egoistisch zu gelten, wenn sie ihr „Ich" zu sehr in den Vordergrund stellen. Das ist ein Irrtum, denn Ich-Botschaften bieten Ihnen den Vorteil, eindeutige, persönliche Signale zu setzen, indem Sie aus Ihrer Sichtweise heraus über Sachinhalte und Gefühle sprechen.

Ich-Botschaften sind klare Ansagen und provozieren kaum Abwehr und Rebellion beim Gesprächspartner: Sie unterstellen ihm nichts und werfen ihm nichts vor. Mit einer Ich-Botschaft sagt man nur, was bei einem selbst ankommt und welches Gefühl das bei einem auslöst. Damit kann das Gegenüber meist gut leben, ggf. Missverständnisse rasch ausräumen und verstehen, was sein Kommunikationsverhalten bei Ihnen auslöst. Deshalb können Sie mit dieser Technik selbst heikle Gespräche selbstbewusst führen, ohne eine Konfrontation befürchten zu müssen.

In Du-Botschaften wird das eigene Erleben in eine Aussage über den anderen verpackt bzw. in Form einer Unterstellung an den anderen gesendet. Diese Formulierungen werden meist als Angriff aufgefasst – was sie in vielen Fällen auch sind – und der Gesprächspartner reagiert darauf mit einem Gegenangriff. Es besteht leicht die Gefahr der verbalen Eskalation. Betrachten Sie die Beispiele hierzu:

Du-Botschaft	Ich-Botschaft
Sie unterstellen mir ...	Ich fühle mich missverstanden.
Da liegen Sie falsch!	Ich bin anderer Ansicht.
Sie sind unverschämt.	Ich möchte mich gern sachlich mit Ihnen unterhalten.
Sie entscheiden einfach ...	Ich fühle mich übergangen.
Ihr aggressives Verhalten ...	Ich fühle mich unwohl, wenn mich jemand anschreit.

Vorsicht vor versteckten Du-Botschaften

Doch Vorsicht: Nicht jeder Satz, der mit „Ich" beginnt, ist eine echte Ich-Botschaft. Es kann sich ebenso um eine versteckte Du-Botschaft handeln. Das sind meist mehr oder minder verborgene Vorwürfe, die beim Gegenüber fast zwangsläufig Abwehr oder Aggression hervorrufen. Hier einige typische Beispiele für versteckte Du-Botschaften:

Versteckte Du-Botschaft	Echte Ich-Botschaft
Ich finde, Sie sollten andere mal ausreden lassen.	Mir ist wichtig, dass alle ausreden können.
Ich kann mir nicht vorstellen, dass Sie das schaffen.	Ich befürchte, dass der Terminplan nicht eingehalten werden kann.
Ich glaube, dass Ihnen das völlig egal ist.	Ich bin mir nicht sicher, ob Sie das interessiert.

Es gibt immer Möglichkeiten, versteckte Du-Botschaften in Ich-Botschaften zu übersetzen. Unabhängig davon, ob Sie sich für eine Bitte, eine Frage oder eine Aussage über Ihre Gefühle entscheiden, wichtig ist, dass Sie Ihrem Gesprächspartner nichts unterstellen. Sonst werden Sie automatisch mit einer Abwehrhaltung konfrontiert.

Stellen Sie Fragen

Die richtigen Fragen zu stellen und diese Fragen richtig zu stellen, ist das A und O guter Kommunikation. Man erhält dadurch nicht nur wichtige Informationen, sondern angemessene Fragen signalisieren dem Gegenüber auch Interesse und Offenheit. Mit Fragen können Sie sich außerdem hervorragend wehren, sobald Ihnen jemand zu nahe tritt oder Vorwürfe macht. Fragen Sie nach und lassen Sie sich erläutern, was der andere erwartet.

Beispiel: Konkret hinterfragen

„Von Ihnen kommt einfach zu wenig!" – „Zu wenig in Vergleich womit/mit wem/wann?"

„Es ist unmöglich, das in der Zeit hinzubekommen." – „Was müsste geschehen, damit Sie es hinbekommen?" oder „Ist es schon einmal gelungen, die Arbeit in dieser Zeit zu schaffen?"

„Diesen Mist brauchen Sie mir nicht erzählen." – „Habe ich Sie richtig verstanden: Sie glauben, ich erzähle Unsinn?"

Wenn Sie Dinge konkret hinterfragen, sind Sie der agierende Part, Ihr Gesprächspartner der reagierende. Dadurch fordern Sie ihn auf, Ihnen weitere und stichhaltige Argumente zu liefern und seine Aussagen zu begründen. Fragen fördern die Qualität der Kommunikation. Durch richtige Fragen erfahren Sie den Kenntnisstand, die Meinung und die Motive Ihres Gesprächspartners. Die Voraussetzung dafür, eine präzise und weiterführende Frage stellen zu können, ist konzentriertes Zuhören. Wie die Frage, so die Antwort: Beachten Sie die Fragestellung. Sie bestimmt Art, Inhalt und Umfang der Information, die Sie als Antwort erhalten. Je nachdem, was Sie erfahren wollen, setzen Sie den entsprechenden Fragetypus ein.

Fragetypen

- **Offene (W-)Fragen:** Ermitteln von Informationen, Meinungen, Ansichten, Wünschen. vor allem mit den Fragewörtern: was, wer, wie, woher, wofür, wann ... Beispiele: „Was meinen Sie dazu?" „Wie verhält es sich mit ...?" etc. Die Antwort erfolgt immer als Satz.
- **Geschlossene Fragen:** Ermitteln von klarer Information und Herbeiführen einer Entscheidung: „Haben Sie schon mit Herrn/Frau XY gesprochen?", „Sind Sie dafür?" etc. Die Antwort ist Ja oder Nein.
- **Alternativfragen:** Herbeiführen einer Entscheidung oder Ermitteln einer Vorgabe. Der Partner kann zwischen zwei Alternativen entscheiden: „Bevorzugen Sie Rot oder Weiß?", „Heute oder morgen?" etc.
- **Konterfragen:** Zeit gewinnen oder genauere Informationen erhalten durch Wiederholung oder Zusammenfassung: „Sie halten es also für denkbar, dass ...?", „Wenn ich Sie richtig verstehe, meinen Sie ...?" etc.

Fehlerquellen in der Kommunikation

Gespräche, in denen es um Wichtiges geht und bei denen Sie eventuell nervös sind, sollten Sie bestmöglich vorbereiten. Darüber hinaus können Sie während des Gesprächs viel zu seinem Gelingen beitragen, indem Sie aufmerksam zuhören und sprechen.

Checkliste: Fehler in der Kommunikation vermeiden

Hören Sie aufmerksam zu:

- Proben Sie nicht, während der andere spricht, in Gedanken bereits Ihre Antwort aus oder denken Sie über Ihren nächsten Beitrag nach.
- Versuchen Sie als Zuhörer, den vollständigen Sinn der Aussage mit Konzentration zu erfassen.
- Interpretieren Sie nicht mehr in die Aussage anderer hinein, als diese sagen, z.B. wenn jemand sagt: „Ich ging nach Hause", und Sie interpretieren: „Ja, bestimmt hat es Ihnen gereicht ..."

Sprechen Sie bewusst mit anderen:

- Ordnen Sie Ihre Gedanken, bevor Sie sprechen und halten Sie tragfähige Argumente bereit.
- Bringen Sie nicht zu viele Aussagen und Ideen in einer Äußerung unter, die der andere nicht erfassen kann.
- Reden Sie nicht aus lauter Unsicherheit zu viel. Achten Sie auf die Auffassungskapazität der anderen.
- Sprechen Sie möglichst über Dinge, die Ihnen vertraut sind. So werden Sie nicht verunsichert, sobald jemand nachfragt.
- Beziehen Sie sich direkt auf Aussagen des anderen und sprechen Sie nicht übergangslos über eigene Themen, z. B wenn jemand sagt: „Über seine Blumen habe ich mich sehr gefreut", und Sie antworten: „Weißt du übrigens, von wem ich zum Essen eingeladen wurde?" Besser wäre: „Oh, wie schön, zu welchem Anlass hast du die denn bekommen?"

Angemessen kritisieren

Gegenseitige Kritik lässt sich in der Zusammenarbeit oder im Zusammenleben kaum umgehen. Ziel von Kritik soll immer sein, eine gute Gesprächsbasis zu erhalten und Fehler auszumerzen. Wenn Sie an jemandem etwas zu kritisieren haben, sprechen Sie es frühzeitig und offen an. Der andere kann nur dann etwas verändern, wenn er weiß, was Sie stört. So umgehen Sie weitere Konflikte und Wut, die bei unausgesprochenen Themen unter der Oberfläche gären. So vermeiden Sie, dass die Stimmung eines Tages plötzlich explodiert. Möglicherweise stellt Ihr Gegenüber die Störung sofort ab und bedauert sein Verhalten: „Es tut mir leid, ich wusste nicht, dass Sie das stört. Hätten Sie doch früher etwas gesagt!" Deshalb: Wenn für Sie etwas nicht stimmt, fassen Sie Mut und kritisieren Sie freundlich, aber bestimmt (siehe auch den folgenden Abschnitt „Mit Ablehnung und Kritik umgehen").

Leitfaden: Eine ergebnisoffene Haltung erreichen

1. Sagen Sie klar und deutlich, womit Sie nicht zufrieden sind. Beschränken Sie sich dabei auf diesen einen aktuellen Fall.
2. Beschreiben Sie konkret, worin die Probleme für Sie bestehen, z. B. „Das bringt mich wiederholt unter Zeitdruck und ärgert mich."
3. Hören Sie sich die Argumente des anderen an, vielleicht liegen akzeptable Gründe für sein Verhalten vor.
4. Bewerten Sie das Thema erst danach.
5. Suchen Sie einen gemeinsamen Lösungsansatz: „Wie kommen wir jetzt zu einer Lösung? Was schlagen Sie vor?"
6. Vereinbaren Sie ein konkretes, verbindliches Ergebnis mit Fakten: Wer, wann, was ...
7. Schließen Sie das Kritikgespräch positiv ab:
   a) Ist der Kritikpunkt gelöst: Thema vom Tisch.
   b) Keine Lösung in Sicht: Führen Sie ein weiteres Gespräch und klären Sie, was ggf. bei Ihrer ersten Vereinbarung unklar war. Eventuell müssen weitere Schritte eingeleitet werden (Einbindung weiterer Entscheider etc.).

Mit Ablehnung und Kritik umgehen

Kritik an der eigenen Person lässt sich nicht komplett vermeiden. Denn: Nur wer im Koma liegt, macht keine Fehler. Manche Kritik scheint angebracht, damit kann man meist leben. Andere dagegen erscheint unangemessen oder ungerecht. Tragen Sie Ihrerseits zur Lösung bei und beschaffen Sie sich Informationen über das, was schiefgelaufen ist. Auch hier gilt: Fordern Sie faires Kommunikationsverhalten Ihnen gegenüber ein, im Sinne klarer Botschaften und wertschätzendem Verhalten.

Hören Sie Kritik gelassen an

Wer kritisiert wird, befindet sich in einer passiven Rolle. Es ist wichtig, sich vorab klar zu machen, dass der Andere nicht wirklich weiß, wie man ist, oder dass er die genauen Beweg- und Hintergründe eines Verhaltens nicht kennt. Er kann bei seiner Kritik nur sagen, wie die Person oder das Verhalten auf ihn gewirkt haben. Dabei sollte man berücksichtigen: Die Wahrnehmung des Kritikers ist durch keine Klarstellung revidierbar. Er empfindet, was er empfindet, und er kommt zu einer Bewertung, die stimmen kann oder auch nicht. Deshalb ist hilfreich, die Meinung des anderen zunächst einmal ruhig anzuhören, ohne sofort in Abwehrhaltung zu gehen.

Der positive Aspekt an Kritik ist, dass sie dazu beiträgt, die eigene Wirkung auf andere kennenzulernen und auf Fehler aufmerksam gemacht zu werden (siehe „Blinde Flecke" im Abschnitt „Wie nehmen Sie sich selbst wahr"?).

Checkliste: Wenn Sie kritisiert werden

Hilfreich ist folgende Haltung:

- Hören Sie möglichst ruhig und vorurteilsfrei zu.
- Verlangen Sie ggf. respektvollen Umgang.
- Unterbrechen Sie Ihr Gegenüber nicht.
- Konzentrieren Sie sich auf das Gesagte.
- Versuchen Sie zu verstehen, was der andere meint.
- Bei Unklarheiten: Fragen Sie erst im Anschluss nach.
- Sehen Sie Feedback als eine „Gabe an Sie“: Jemand hat sich Gedanken gemacht über Sie. Sie entscheiden, was Sie davon annehmen und was Sie daraus lernen möchten.

Bei Ihrer Antwort achten Sie auf Folgendes:

- Bleiben Sie ruhig und sachlich.
- Wiederholen Sie das, was Sie verstanden haben.
- Stellen Sie Fragen, wenn Ihnen etwas unklar ist.
- Kommunizieren Sie mit Ich-Botschaften.
- Falls angebracht: Gestehen Sie den Fehler ein und entschuldigen Sie sich. Ist die Kritik nicht angebracht: Klären Sie die Fakten, stellen Sie Ihre Sichtweise dar, anstatt sich zu rechtfertigen.
- Beziehen Sie ggf. einen anderen Ansprechpartner mit ein, wenn Sie eine Sache nicht klären können. Manchmal braucht man eine weitere Stellungnahme, manchmal eine Entscheidung von anderer Stelle.

Machen Sie sich nicht klein

Vorsicht: Fallen Sie, wenn Sie kritisiert werden, nicht in die Opfer- oder Kindchen-Rolle, in der Sie das Gefühl haben, „geschimpft" zu werden. Kritik hat meist ganz sachliche Gründe und ist nicht per se als Ablehnung Ihrer Person aufzufassen. Sie hat auch erst einmal nichts damit zu tun, dass der andere Sie nicht mag oder er Sie als ungenügend ansieht. Nehmen Sie bewusst die Körperhaltung eines selbstbewussten Menschen an, statt den Kopf hängen zu lassen. Ziehen Sie mögliche Erklärungen für die Kritik in Betracht und überprüfen Sie die Sachverhalte: Darum geht es – nicht um Ihre Person.

Für sich kämpfen

Besonders wichtig wird eine aufrechte, selbstbewusste Haltung, wenn wir mit Forderungen konfrontiert werden: Andere muten uns oft Dinge zu, die uns belasten oder für die wir uns nicht verantwortlich machen lassen wollen. Dann ein klares Nein zu formulieren oder eine Bitte abzulehnen, erfordert Mut und Selbstvertrauen. Ganz wesentlich dabei ist: Legen Sie für sich fest, wozu Sie bereit sind und wozu nicht.

Ziehen Sie Grenzen

Der Verlauf persönlicher Grenzen ist für unsere Gesprächspartner nicht sichtbar. Grenzen lassen sich nur durch eindeutige, verbale Rückmeldungen ziehen. Etwas abzulehnen, das man nicht tolerieren möchte, fällt wesentlich leichter, wenn man Klarheit darüber hat, was man tun kann und will.

Nehmen Sie Unbehagen und diffuse Gefühle ernst, denn sie sind ein geeignetes Diagnoseinstrument im Umgang mit Ihren Grenzen. Sobald Sie sich ärgern, wütend, frustriert oder enttäuscht sind, sollten Sie dies als ein Indiz dafür sehen, dass Grenzen überschritten wurden oder dass Ihre Grenzlinie nicht eindeutig gezogen ist.

Haben Sie das Gefühl, von anderen häufig ausgenutzt oder übervorteilt zu werden, könnte dies ein Zeichen dafür sein, dass Sie Ihre Grenze zu eng gezogen haben. Erweitern Sie diese, um mehr Platz für sich zu bekommen. Verteidigen Sie den neu gewonnenen Raum konsequent. Steht das Gefühl fehlender Unterstützung oder Einsamkeit im Vordergrund, haben Sie die Grenze möglicherweise zu weit gezogen und damit für zu viel Distanz gesorgt. Zieht man den Grenzverlauf enger, muss man zwar mehr von sich preisgeben, hat aber den Vorteil, dass andere Menschen näher an einen heranrücken können. Sobald Sie sich über rücksichtsloses Verhalten und Grenzüberschreitungen ärgern, verteidigen Sie die Einhaltung ihrer Grenzen. Erheben Sie unmissverständlich Einspruch dagegen. Von Vorteil kann sein, wenn Sie klare Argumente für die Ablehnung mitliefern.

Unabhängig davon, welchen Missstand Sie verändern möchten, müssen Sie klar „Stop“ sagen und auf Ihre Grenzen verweisen. Unter Umständen müssen Sie Ihr Umfeld mehrmals darauf hinweisen, wenn Grenzen übertreten werden. Tun Sie dies konsequent und verteidigen Sie Ihre Grenze selbstbewusst.

Beispiel: Projektverteilung

Frau M., Mitarbeiterin eines großen Telekommunikationsunternehmens klagte: „In unserem Team wurden vor einem Jahr zwei Mitarbeiter abgebaut. Für uns restliche zehn wurde der Arbeitsaufwand natürlich mehr, denn wir arbeiteten jetzt für zwölf Mitarbeiter. Nun ist noch eine Kollegin in Mutterschutz gegangen, ein Kollege ist längerfristig erkrankt und dann hat auch immer wieder jemand Urlaub. Diese Projekte wurden dann auch an uns verteilt und wir sollten nun zu acht das Pensum von zwölf Mitarbeitern stemmen. Das geht schon seit vier Monaten so, dass ich hier Zwölf-Stunden-Tage habe und mein Privatleben langsam wackelt. Ich habe meinen Chef um ein Gespräch gebeten und ihm klipp und klar gesagt, dass ich entweder mehr Zeit bekommen oder er mich von Projekten entlasten muss."

Die Mitarbeiterin hat für sich erkannt, dass ihre Grenzen der Belastbarkeit, der Gutmütigkeit und des Loyalitätsanspruchs überschritten wurden. Deshalb hat sie durch eindeutige Kommunikation ihre Grenzen verteidigt.

Nein sagen

Wenn jemand von Ihnen etwas will, das Sie nicht bereit sind zu geben, müssen Sie dies klar kommunizieren. Wer sich davor drückt, eine Ablehnung auszusprechen, muss letztendlich Dinge tun, die er nicht tun möchte. Lassen Sie sich vor allem nicht überrumpeln. Wer erst einmal zugesagt hat, tut sich schwer, wenn er wieder absagen muss. Bitten Sie um Bedenkzeit, wenn Sie sich nicht sicher sind. Denken Sie nach, ob Sie das Verlangte tun müssen oder wollen, bevor Sie sich entscheiden. Ist beides nicht der Fall, dann lehnen Sie ab.

- Sagen Sie nur Ja, wenn Sie voll und ganz Ja meinen.
- Wenn Sie nicht Ja sagen können, bedeutet dies automatisch ein Nein.
- Argumentieren Sie ggf. Ihre Ablehnung.
- Verbitten Sie sich Vorhaltungen und Vorwürfe, wenn Sie etwas nicht tun. Sie haben Ihre Gründe.
- Bleiben Sie konsequent bei Ihrem Nein.

Wenn Ihnen das Abschlagen von Bitten anderer schwer fällt, denken Sie daran: Auch wenn Sie oft und gern geholfen und Gefälligkeiten übernommen haben, kann niemand von Ihnen erwarten, dass Sie dies immer tun. Teilen Sie Ihre Absichten ohne Wenn und Aber mit. Dass Sie um etwas gebeten werden, ist legitim – dass Sie ablehnen auch. Lehnen Sie freundlich, aber bestimmt ab, schließlich sind Sie ein freier Mensch.

Für Ihre Ablehnung gilt immer:

- Geben Sie nur Begründungen an, wenn Sie welche geben möchten.
- Eine Entschuldigung ist nicht angebracht, denn Sie haben keinen Fehler gemacht.

Nicht nur, wenn man etwas aus zeitlichen oder anderen Gründen nicht tun kann, ist ein Nein angemessen. Sie haben auch das Recht, etwas abzulehnen, zu dem Sie schlicht und ergreifend keine Lust haben.

Hilfe organisieren und annehmen

Manche Menschen haben Schwierigkeiten damit, sich rechtzeitig Hilfe und Unterstützung zu organisieren. Oft liegen folgende Haltungen zugrunde: „Das muss ich doch wohl alleine schaffen, andere können das auch", „Ich will nicht schwach dastehen", „Es ist mir peinlich, andere um Hilfe zu bitten" etc. Dann tun sie sich schwer, sich unter die Arme greifen zu lassen. Gerade unsichere Menschen lehnen wohlmeinende Hilfsangebote aus diesen Gründen oft ab. Sich rechtzeitig Hilfe und Unterstützung zu organisieren, ist jedoch keine Schwäche, sondern eine Stärke.

Wer Hilfe ablehnt, läuft Gefahr, immer mehr zu ermüden und irgendwann ausgebrannt zu sein. Durch dauerhafte Überforderung wird man nicht nur schwächer, sondern auch ideenärmer. Die Anspannung durch die Dauerbelastung nimmt immer mehr zu und man schafft es kaum noch zu regenerieren. Irgendwann tritt ein Punkt der Überlastung ein, an dem einem absolut nicht mehr einfällt, wie man aus diesem Teufelskreis wieder herauskommt. Es ist deshalb sinnvoll, nicht erst dann Hilfe anzunehmen, wenn man bereits kurz vor dem Zusammenbruch steht.

Manche Probleme lassen sich frühzeitig und mit Unterstützung sogar besser und schneller lösen. Ist eine Situation erst einmal völlig verfahren, dauert der Lösungsprozess meist viel länger und kostet letztendlich mehr Geld und Nerven. Seien Sie klar in Ihrer Entscheidung: Wenn Sie merken, es geht allein nicht mehr weiter, dann schalten Sie Fachleute ein oder nehmen andere Hilfsangebote wahr.

Es ist wunderbar, wenn Sie den Anspruch haben, sich selbst zu helfen. Aber: Sie müssen nicht alles alleine schaffen. Sobald es einen Punkt gibt, den man – aus welchem Grund auch immer – selbst nicht lösen kann, dann ist es eine gute und intelligente Entscheidung, Hilfe zu organisieren und anzunehmen. Dies gilt für z. B. Haushaltshilfen genauso wie für Unterstützung durch Beratungsstellen bei finanziellen, gesundheitlichen, seelischen und familiären Schwierigkeiten. Suchen Sie sich einen Experten – oft kann er Lösungen oder Ideen anbieten, die rasch Abhilfe schaffen, von übermäßigem Druck befreien und zu neuen Perspektiven führen.

Belastendes über Bord werfen

Manche Belastungen lassen sich nicht beseitigen, mit ihnen muss man sich arrangieren. Andere hingegen lassen sich abstellen. Durchforsten Sie kritisch die unliebsamen und beschwerlichen Bereiche Ihres Lebens und verändern Sie diese aktiv. Sobald Sie spüren, dass etwas nicht (mehr) passt, überlegen Sie, ob und wie Sie es über Bord werfen können. Sie werden feststellen, dass es befreiend ist, etwas nicht mehr tun zu müssen, was jahrelang unreflektiert zu Ihrem Programm gehörte. Das sind häufig auch solche Tätigkeiten, die Zeit, Energie und Nerven kosten und Ihnen im Gegenzug wenig oder gar keine Vorteile bringen.

Beispiel: Gewohnheitstätigkeiten

Frau I. fiel auf: „Als unsere Kinder im Kindergarten waren, übernahm ich Buchhaltungsarbeiten für den Trägerverein als kostenlose Elternarbeit. Noch jahrelang machte ich das weiter, obwohl längst keines unserer Kinder den Kindergarten mehr besuchte. Ich habe einfach nicht mehr darüber nachgedacht. Irgendwann ist mir aufgefallen, wie viel Zeit und Energie mich das kostete, wie mich die ständigen Termine belasteten. Ich wollte das eigentlich schon längst beenden, um mehr Zeit zu haben. Jetzt hab ich dieses Amt endlich niedergelegt und bin so froh über die freigewordene Zeit, die ich für mich und die Familie einsetzen kann."

An folgenden Symptomen erkennen Sie, dass Sie etwas verändern sollten:

- anhaltendes Unlustempfinden und Belastung durch eine Tätigkeit,
- Auftreten psychosomatischer oder psychischer Beschwerden,
- Unproduktivität und (zu) viel Zeitaufwand für die Tätigkeit oder Aufgabe,
- kreisende Gedanken, Zweifel, Fehler,
- das Gefühl, dass das, was Sie tun, nicht richtig ist.

Denken Sie daran: Das Schlimmste, was man tun kann, ist keinen neuen Weg zu gehen und Dinge, die nicht (mehr) passen, aufrecht zu erhalten und dauerhaft zu ertragen. Handeln Sie im Ihrem Sinne: Sie haben ein Recht darauf, dass es Ihnen gut geht.

Widerstand gegen Ihre Veränderung

Nehmen wir an, Sie haben es geschafft, Ihr Leben zu verändern. Das ist grundsätzlich positiv: Sie haben sich weiterentwickelt, Ihnen geht es besser, sie haben Selbstvertrauen und Energie aufgebaut. Möglicherweise fühlen Sie sich recht wohl und sind stolz darauf, dass Ihr Selbstbewusstsein gewachsen ist.

Jetzt kommt die Krux, mit der man rechnen muss: Es ist möglich, dass Ihr Umfeld auf Ihr Anders-Sein wenig begeistert reagiert. Ihr verändertes Verhalten wird zweifellos wahrgenommen und bewertet. Waren Sie als ehemals zurückhaltender, verunsicherter Mensch doch recht pflegeleicht, angepasst und bequem für andere, sagen Sie jetzt plötzlich Ihre Meinung, stellen Forderungen oder legen sich auch mal quer. Mit dieser Veränderung müssen sich Ihre Mitmenschen erst einmal abfinden und sie müssen lernen, mit der neuen Situation umzugehen. Vielleicht bekommen Sie sogar gesagt, Sie hätten sich zum Schlechteren hin verändert. Schließlich waren Sie früher einfacher und anspruchsloser. Aus der Sicht der anderen stimmt dies. Jetzt aber stimmt die Situation für Sie.

> Wenn Sie einen Entwicklungsschritt vollzogen haben, müssen Sie damit rechnen, dass Sie Durchhaltevermögen brauchen, um die Veränderung im Umfeld durchzusetzen und zu etablieren.

Lieben, genießen und dankbar sein

Wer nichts genießen kann, kann nichts lieben. Wer nichts liebt, ist für nichts dankbar. Liebe, Genuss und Dankbarkeit hängen eng zusammen und sind die Voraussetzung für ein erfülltes Leben.

Liebe zu sich selbst aufbauen

Wenn sich ein Mensch selbst liebt, spricht man von Eigenliebe. Darunter versteht man, dass eine Person sich selbst annimmt mit all ihren Schwächen und Fehlern, ihrem Können und ihren Stärken. Dies ist nicht zu verwechseln mit Selbstverliebtheit, übersteigerter Eitelkeit oder Narzissmus. Eigenliebe bedeutet, sich zu schätzen, wie man ist, und dankbar für seine Einzigartigkeit zu sein. Gelingt dies vorwiegend, können Freude, Ausgeglichenheit und Zuversicht entstehen.

Eigenliebe und Liebe zu anderen

Erich Fromm zufolge bedingen Selbstliebe und die Liebe zu anderen Menschen einander. „Wer nur andere lieben kann, könne überhaupt nicht lieben", schrieb er. Auch im christlichen Gebot „Liebe deinen Nächsten wie dich selbst", hängt die Liebe zu anderen Personen untrennbar mit der Eigenliebe zusammen. Wer der eigenen Person Wertschätzung und Respekt entgegenbringt, vermag das auch anderen gegenüber. Die Eigenliebe ist sozusagen der Nährboden, in dem die Liebe zu anderen wurzelt. Eigenliebe wächst, indem man lernt, zu sich, seinen Wünschen und Vorstellungen zu stehen. Je besser es gelingt, entsprechend zu leben, desto mehr Zufriedenheit und Selbstvertrauen entstehen.

Das Leben lieben

In der Hektik des Alltags kümmert man sich um viele Dinge, vergisst darüber sich selbst und – viel schlimmer – den eigenen Lebenssinn. Manchmal wollen wir gar nicht so genau in uns blicken und sind froh um den Trubel, da er von unseren Defiziten und Frustrationen ablenkt. Doch gerade in unbefriedigten Wünschen und heimlichen Sehnsüchten liegen unsere wahrhaft wichtigen Lebensthemen. Dort liegen die Vorstellungen vom Leben, die wir uns einst gemacht und dann vernachlässigt haben. Meist fällt uns diese Vernachlässigung erst dann auf, wenn das Leben frustrierend und stockend erscheint. Spätestens dann sollten wir uns wieder aktiv um die liebevolle Gestaltung unseres Lebens bemühen, ganz nach dem Motto: Enjoy your life, it might be your last.

Beispiel: Wenn sich der Müll anstaut

Stellen Sie sich einen Flusslauf vor. Das Wasser fließt ruhig und sauber dahin, kann abfließen und transportiert angeschwemmten Unrat immer wieder ab. Hat sich aber durch zu wenig Aufmerksamkeit Treibholz am Ufer gesammelt, bleibt immer mehr Müll daran hängen. Mit der Zeit verändert sich die Fließgeschwindigkeit des Wassers. Durch Stauungen kann der Unrat nicht vorbeiziehen, sammelt sich mehr und mehr und bildet weitere Hindernisse. Der Lauf des Wassers gerät ins Stocken, es kommt zu Überflutungen und Strudeln. Blickt man darauf, sieht man nichts als eine riesige Ansammlung von Müll und unruhiges Wasser.

Wenn wir unseren Vorstellungen zu wenig Aufmerksamkeit geschenkt haben und wenig liebevoll mit unserer Lebensgestaltung umgegangen sind, ist so mancher Lebenslauf mit dem geschilderten Fluss vergleichbar.

Stauungen auflösen

Sinnvoller Weise sollten wir in dem Fall die Ursachen des Staus beseitigen. Gelingt es, die angesammelten „Müllberge" unseres Lebens beiseite zu schaffen, bringen wir unseren Lebenslauf wieder ins Fließen. Der Blick auf die Stauungen erfordert Mut und wird möglicherweise schmerzhaft sein, da er Veränderung und Loslassen von Altem bedeutet. Doch nur, wer sich der Herausforderung stellt, wird eine Verbesserung herbeiführen. Der mutige Blick auf das, was uns an unserer freien Lebensgestaltung hemmt, macht offen für das, was wir verändern müssen. Aus dieser Erkenntnis kann man individuelle Ziele ableiten.

Bleiben Sie sich treu

Eng mit der Eigenliebe ist die Treue zu sich selbst verbunden. Damit ist gemeint, den eigenen Vorstellungen und Lebensmotivationen treu zu bleiben. Sehr oft erwischen wir uns dabei, dass wir in unserer Entwicklung feststecken, da wir uns bescheinigen „Geht nicht, weil ..." oder „Bei anderen geht das, aber nicht bei mir ..." etc. Wir suchen nach Ausreden, weil wir wissen, dass jede Veränderung Unsicherheit bedeutet und das ist unangenehm. Deshalb halten wir unbefriedigende Zustände so oft aufrecht. Wir quälen uns, bis der Leidensdruck unerträglich wird oder wir erkennen müssen, dass das eigene Leben eine einzige Selbstverleugnung ist.

Handeln Sie, wenn Ihr Leben nicht mehr stimmt – das sind Sie sich und Ihrem Leben schuldig. Werden Sie sich klar, wo für Sie die Reise hingehen soll. Setzen Sie alles daran, Ihre Wünsche und Ziele umzusetzen. Das hat nichts mit Egoismus zu tun. Viel eher werden Sie, sofern Sie wieder Harmonie und Selbstvertrauen in sich spüren, für andere Menschen wertvoller, liebevoller und hilfreicher sein, als sie es in Ihrer Unzufriedenheit jemals sein können.

> Ohne Eigenliebe kann man sich nicht treu sein. Wer sich nicht treu ist, kann sich selbst nicht vertrauen. Die Gleichung ist einfach:
> Eigenliebe = Selbsttreue = Selbstvertrauen.

Lust und Genuss im Alltag

Wie viele Stunden hat ein Jahr? Bitte tippen Sie schnell und spontan:

- 10.000 Stunden?
- 50.000 Stunden?
- 100.000 Stunden?

Die Zahl verblüfft immer wieder, hat man doch das Gefühl, ein Jahr wäre eine lange Zeit:

Es sind „nur" 8.760 Stunden! Zieht man von diesem Kontingent an Jahresstunden nun seine Verpflichtungen ab, dann schmilzt die Zahl der wirklich freien Stunden, die man für Schönes und Genussvolles zur Verfügung hat, auf ein kleines Häufchen zusammen.

Umso wichtiger ist es, auch Augenblicke für Angenehmes zu nutzen und möglichst viel zu genießen. Genuss steht für positive Empfindungen, körperliche oder seelische. Genuss verwöhnt und spricht die Sinne an: Das kann durch ein schönes Buch, ein Glas Wein, einen Film, Musik, ein gutes Gespräch, eine Tasse Kaffee geschehen. Ganz egal, was Ihnen Genuss verschafft, bauen Sie jeden Tag etwas davon ein. Angenehmes wird vom Gehirn positiv bewertet. Das führt zu einer vermehrten Ausschüttung von Dopamin und ähnlicher Stoffe. Diese sogenannten Botenstoffe erzeugen positive Gefühle im Belohnungssystem des Gehirns: Es entsteht daraus das, was wir Wohlempfinden, Entspannung und Glücksgefühl nennen.

Die Sache mit dem Irgendwann

Wir warten immer auf den besten Zeitpunkt, etwas Schönes zu tun, eine Situation zu ändern, eine Idee umzusetzen, den Beginn für etwas Neues etc. Das kann sich hinziehen, weil der Zeitpunkt nie wirklich passt und geeignet erscheint. Deshalb warten wir auf bessere Zeiten. Statt in der Gegenwart zu leben, projizieren wir unser Glück in die Zukunft. Vorteilhafter wäre es, ginge man nach dem Motto vor: Der beste Zeitpunkt zu handeln ist, sobald ein Gedanke in unser Bewusstsein tritt. Das heißt: Wenn draußen die Sonne scheint und Sie Lust auf Biergarten haben, dann vertagen Sie die Idee nicht auf nächsten Sommer. Die Zauberformeln für die Lust am Alltag lauten nicht: „Hätte ich doch gestern ...", „Morgen werde ich ganz bestimmt ..." oder „Irgendwann beginne ich mit ..." Die Devise lautet: Jetzt! Probieren Sie aus, welche positive Wirkung es auf Ihr Selbstvertrauen hat, wenn Sie es etwas tun, auf das Sie gerade Lust haben oder was Sie längst tun wollten.

Tun Sie sich etwas Gutes

Der Körper ist ein sensibler Gradmesser für Überlastung und Stress. Wenn Sie erschöpft, müde, ideenlos oder gereizt sind, ist das ein Zeichen, dass Sie nicht gut mit sich umgegangen sind. Lassen Sie es ein paar Tage lang ruhiger angehen. Allein durch Ausruhen erholen sich Physis und Psyche und auch Ihr Selbstvertrauen stabilisiert sich durch neue Energie. Tun Sie etwas Angenehmes, selbst wenn es nur eine Kleinigkeit ist, etwas, das Ihnen Lust, Genuss und Lebensfreude bereitet.

Beispiel: Feste feiern

Feiern Sie sich, wann immer sich die Gelegenheit bietet: bei großen und kleinen Erfolgen, Geburts-, Jahres,- Namenstagen etc. Gerade bei Menschen, die sich selbst zu wenig schätzen, sich selbst für klein und unbedeutend halten, kann durch bewusst herbeigeführten Genuss die Einsicht entstehen: Ich bin etwas wert, ich habe Spaß, ich mache Dinge, die mir und auch anderen Freude machen usw. Daraus entsteht die Energie, die Sie für Ihr Selbstvertrauen brauchen.

Dankbar sein

„Jeder Mensch bekommt zu seiner Geburt die Welt geschenkt. Die ganze Welt. Die meisten von uns haben aber noch nicht einmal das Geschenkband berührt, geschweige denn hineingeschaut." Diesen Satz hat der Erziehungswissenschaftler Leo Buscaglia einmal formuliert.

Dankbarkeit entsteht, wenn wir den Blick auf das Schöne, das Gelungene und Gute richten. Die Glücksforschung hat Dankbarkeit als wesentliche Fähigkeit glücklicher Menschen herausgearbeitet. Wer sich vom Leben beschenkt fühlt, erlebt sich selbst bewusst. Jeder hat Gründe um dankbar zu sein. Insbesondere für selbstunsichere Menschen ist es heilsam und stärkend, das Geschenk Ihres Lebens aus dem Blickwinkel der Dankbarkeit zu sehen. Man kann bewusst wahrnehmen, ein einzigartiges, wunderbares Rädchen im Wunderwerk der Schöpfung zu sein. Dankbarkeit veranlasst Menschen, achtsam mit dem umzugehen, was sie haben – statt maßlos zu fordern vom Umfeld, der Welt, dem lieben Gott. Wer sich freut über das, was er hat, ist ein glücklicher Mensch und besitzt das Selbstvertrauen, dafür zu sorgen, dass er einer bleibt.

> Nimm die Welt von der leichten Seite und der Geist wird frei von jeder Last sein. Miss den zehntausend Dingen keine Bedeutung bei und dein Herz wird nicht verwirrt sein. Lass dir Leben und Tod gleich wichtig sein und dein Verstand wird ohne Angst sein. Nimm gegenüber Wandel und Beständigkeit die gleiche Haltung ein und nichts wird deine Klarheit trüben. (Lao-Tse)

Auf einen Blick: Selbst-Coaching Techniken

- Wer sich klar darüber wird, wer er ist und wie er leben möchte, wird sich seiner Identität bewusst – das ist die Basis für Selbstvertrauen.
- Kein Selbstvertrauen ohne Selbstakzeptanz: Schwächen beinhalten immer auch Stärken. Selbstkritik hilft nur, wenn man sich angemessen und nicht zu hart bewertet.
- Selbstvertrauen aufzubauen, bedeutet, sich zu verändern. Dafür braucht man Ziele, die den eigenen Vorstellungen entsprechen.
- Verinnerlichte Kritiker und Antreiber machen uns oft das Leben schwer. Es gilt, diese zu erkennen, über ihren Nutzen nachzudenken – und sie dadurch zu entschärfen.
- Mangelndes Selbstvertrauen zeigt sich oft körpersprachlich: Wir machen uns „klein". Eine aufrechte und offene Körperhaltung, ein fester Stand und Blickkontakt können uns beim Aufbau von Selbstvertrauen helfen.
- Im Gespräch mit anderen gilt: Klare Ich-Botschaften, Fragen und angemessen formulierte Kritik helfen, sich anderen gegenüber zu behaupten.
- Wer lernt, angemessen Nein zu sagen, sorgt gut für seine eigenen Bedürfnisse und stärkt sein Selbstvertrauen
- Auch die emotionale Komponente ist wichtig: Wer sich selbst liebt und das Leben genießt, fühlt sich stärker, ausgeglichener und zufriedener.

Stichwortverzeichnis

Impressum

Bibliografische Information der Deutschen Nationalbibliothek
Die Deutsche Nationalbibliothek verzeichnet diese Publikation in der Deutschen Nationalbibliografie; detaillierte bibliografische Daten sind im Internet über http://dnb.dnb.de abrufbar.

Print: ISBN: 978-3-648-04736-1 Bestell-Nr.: 00347-0002
ePub: ISBN: 978-3-648-04737-8 Bestell-Nr.: 00347-0101
ePDF: ISBN: 978-3-648-04738-5 Bestell-Nr.: 00347-0151

Elke Nürnberger
Selbstvertrauen gewinnen
2. Auflage 2013

© 2013, Haufe-Lexware GmbH & Co. KG, Munzinger Straße 9, 79111 Freiburg
Redaktionsanschrift: Fraunhoferstraße 5, 82152 Planegg/München
Telefon: (089) 895 17-0
Telefax: (089) 895 17-290
Internet: www.haufe.de
E-Mail: online@haufe.de
Redaktion: Jürgen Fischer
Redaktionsassistenz: Christine Rüber

Satz: Beltz Bad Langensalza GmbH, 99947 Bad Langensalza
Umschlag: Kienle gestaltet, Stuttgart
Druck: freiburger graphische betriebe, 79108 Freiburg

Alle Angaben/Daten nach bestem Wissen, jedoch ohne Gewähr für Vollständigkeit und Richtigkeit.

Alle Rechte, auch die des auszugsweisen Nachdrucks, der fotomechanischen Wiedergabe (einschließlich Mikrokopie) sowie der Auswertung durch Datenbanken oder ähnliche Einrichtungen, vorbehalten.

Die Autorin

Elke Nürnberger

ist Geschäftsführerin des Beratungsunternehmens nürnberger gmbh. Sie arbeitet als Seminarleiterin, Wirtschaftsmediatorin und Coach für zahlreiche Großunternehmen und Führungskräfte. Als Fachautorin veröffentlichte sie Bücher und Beiträge zu den Themen Kommunikation, Führung und Konflikte. Website: www.nuernberger-coaching.de

Weitere Literatur

„Optimistisch denken" von Elke Nürnberger,
128 Seiten, EUR 6,90.
ISBN 978-3-448-10149-2, Bestell-Nr. 00342

„Gelassenheit lernen" von Elke Nürnberger,
128 Seiten, EUR 6,90.
ISBN 978-3-448-10258-1, Bestell-Nr. 00986

„Körpersprache" von Tiziana Bruno und Gregor Adamczyk,
256 Seiten, EUR 8,95.
ISBN 978-3-648-02683-0, Bestell-Nr. 01305

Wissen to go!

TaschenGuides.
Schneller schlauer.

Kompetent, praktisch und unschlagbar günstig.
Mit den TaschenGuides erhalten Sie kompaktes Wissen, das Sie überall begleitet – im Beruf und im Alltag.

Mehr unter:

www.haufe.de/kommunikation
www.haufe.de/softskills

Über sechs Millionen Menschen sind schon schlauer.